255 Tipps für einen schönen Tag
zwischen Grömitz und Lübeck

255 Tipps für einen schönen Tag zwischen Grömitz und Lübeck

Hans-Dieter Reinke
Daniel Hugenbusch

Ellert & Richter Verlag

Inhalt

Vorwort

Von Grömitz bis Travemünde zieht sich, lediglich unterbrochen durch einige Steilufer, Ortschaften und Häfen, ein fast endloser, feinsandiger Strand. Das Badeerlebnis ist in dieser Region mithin garantiert. Und spielt das Wetter einmal nicht mit, kann man sich in die tropischen Badeparadiese und Erlebnisbäder zurückziehen.
Schwimmen und Baden sind allerdings nicht die einzigen machbaren Aktivitäten, sondern alle Arten von Wassersport wie Surfen, Segeln, Tauchen, Stand-Up-Paddling (SUP) und viele weitere sind möglich und es finden sogar hochkarätige Wettkämpfe zu Beach-Volleyball, Beach-Polo und Beach-Hockey an den Stränden statt. Nordic Walking-Routen, Wanderwege und Radfahrstrecken die Ostseeküste rauf und runter sowie ins nahe Binnenland ermöglichen es, geruhsam ein Terrain zu erkunden, das so Einiges zu bieten hat. Neben mittelalterlichen Kirchen, Klöstern, kleinen Heimat- und Regionalmuseen, gepflegten Reetdachhäusern, Herrenhäusern, Gutsanlagen und schmucken Schlössern lassen sich auch vornehme Fischrestaurants, Strandbars, versteckte Hofläden, adrette Landgasthöfe und gemütliche Landcafés entdecken. Hausgemachtes Eis, Bier aus kleinen Manufakturen, Fisch direkt vom Kutter, ein knackiges Fischbrötchen auf die Hand oder frisch gepflückte Erdbeeren erfreuen die Besucher.
Maritim geht es am Küstenstreifen zu, wo Leuchttürme, kleinere und größere Hafenanlagen, Seebrücken, Museumshäfen, Kunstpfade entlang der Promenaden,

Steilufer, Küsten-Naturschutzgebiete und Ostsee-Wildnis auf ihre Entdeckung warten. Ebenso wie die Ostsee-Erlebnisausstellungen, Vogel- und Tierparks oder der bekannte Hansapark mit seinen vielfältigen Attraktionen für Kinder und ihre Eltern.
Und etwas traveaufwärts von Lübecks schönster Tochter, Travemünde, liegt die bekannte Hansestadt, die seit 1987 mit ihrem mittelalterlichen Stadtkern zum UNESCO Welterbe der Menschheit gehört. Es lohnt sich Lübecks Gassen, Gänge und Höfe zu erwandern und das Flair der alten Königin der Hanse zu spüren. Alte Backsteinkirchen, Klöster, mittelalterliche Bürgerhäuser, das berühmte Holstentor, das eindrucksvolle Rathaus, an dem seit 1230 gebaut und erweitert wurde, gilt es ebenso zu erkunden wie die Ausstellungshäuser der drei mit Lübeck verbundenen Nobelpreisträger. Neben dem Willy-Brandt-Haus und dem Günter-Grass-Haus ist es das weltberühmte Buddenbrookhaus in der Mengstraße, das in dem bekannten Gesellschaftsroman Thomas Manns über den Verfall einer Lübecker Kaufmannsfamilie eine bedeutende Rolle spielt. Lübeck ist aber auch eine Einkaufsstadt, ein Treffpunkt für moderne Feste, Musik- und Kulturveranstaltungen sowie der Weihnachtsmärkte und der Ort einer vielfältigen Museumslandschaft, die vom Europäischen Hansemuseum bis zum naturkundlichen Museum für Natur und Umwelt reicht.
Egal ob Sie auf dem Brodtener Steilufer entlang wandern, einem Orgelkonzert in der St. Marien-Kirche beiwohnen, eine Bootstour auf der Wakenitz zum Ratzeburger See machen, Hummer und Seepferdchen im Sea Life Timmendorfer Strand beobachten, etwas Marzipan im Niederegger-Verkaufsladen oder Café probieren oder mit dem Fahrrad den Ostseeküsten-Radweg abradeln, Erholung, Erlebnis, Entdeckung und Genuss sind Ihnen in dieser abwechslungsreichen und bezaubernden Ostseeregion gewiss.
In diesem Sinne: Eine gute Zeit und Willkommen in der altehrwürdigen Hansestadt sowie am Gestade der Ostsee und ein herzliches Moin, Moin.

Daniel Hugenbusch und Hans-Dieter Reinke

Grömitz und Umgebung

1 Erleben

Großenbrode, Dahme, Kellenhusen

Ferien und Fußball

Für die fußballbegeisterten Jungen und Mädchen im Alter von 5 – 15 Jahren in der Familienriege gibt es in der Region die Möglichkeit die Ferien mit einem intensiven Fußballtraining in der Fußballschule des Ex-Fußballprofis bei Hannover 96 Karsten Surmann zu verbinden. Neben Dahme werden auch in Kellenhusen und Grossenbrode Ferientermine für eine Woche angeboten, in der die Teilnehmer sicheres Passen, ausgefeiltes Dribbling und Tricks, Kopfballspiel und vieles mehr intensiv erlernen und üben können. Es gibt ein abgestimmtes und leistungsgerechtes Trainingskonzept, bei dem weitere erfahrene Bundesligaspieler mitwirken. Infos bei den jeweiligen Tourist-Informationen und bei der Fußballschule Surmann.

Ferien-Fußballschule

www.fussballschule-surmann.de

2 Entdecken

Grube

Prächtiger Schnitzaltar in alter Backsteinkirche

Der gotische Backsteinsaalbau der St. Jürgen Kirche wurde 1232 erstmalig erwähnt, allerdings stammen die meisten Teile aus einem Neubau im Jahre 1460. Der Kirchturm war vor einem Einsturz im Jahre 1718 deutlich höher und diente auch als Seezeichen zu einer Zeit, als Grube über den Oldenburger Graben noch mit der Ostsee verbunden war und auch einen Hafen besaß. Im Innern ist der geschnitzte dreiflügelige Altar mit der Passionsgeschichte und Tafelmalereien auf den Außenseiten von der Heiligen Gertrud, Maria, St. Jürgen und St. Katharina beachtenswert. Das prächtige barocke Gutsgestühl stammt von 1657 und später. Das ehemalige, hier nahe der Kirche stehende Pastorat von 1569 gilt als eines der ältesten Bauernhäuser Schleswig-Holsteins und wurde im Freilichtmuseum Molfsee bei Kiel original wieder aufgebaut.

St. Jürgen Kirche Grube
Bei der Kirche 6
23749 Grube
T. 04364 281
www.kirche-grube.de
tgl. 9-17 Uhr

Erleben
Grube

Der Leichtflug durch die Lübecker Bucht
Das kommt dem Fluggefühl eines Vogels wahrscheinlich schon recht nahe oder kann doch zumindest als Motorradfahrgefühl in der dritten Dimension beschrieben werden, wenn man auf einem Rundflug mit einem Gyrokopter-Tragschrauber sich in die Lüfte erhebt. Diese Fluggeräte sind seit 2004 als Ultraleichtflugzeuge in Deutschland zugelassen und gelten als ausgesprochen sicheres Verkehrsmittel. Selbst bei ausgeschaltetem Motor gleitet der Gyrocopter noch sicher zu Boden. Wagen Sie also ruhig mal einen Rundflug mit den Gyro-Flights ab dem Heimatflughafen Grube durch die Lübecker Bucht, um Fehmarn oder über die Holsteinische Schweiz! Es können auch Sonder-, Service- oder Werbeflüge gebucht werden. Gegen einen Aufpreis können Sie die Filmaufnahme oder eine Bildserie Ihres Fluges auf Dateiträger oder zum Download erwerben. So können Sie auch anderen bildhaft von Ihrem Flug berichten oder selbst jeden Abend nochmal das Flugerlebnis auf dem Bildschirm wiederholen.

Gyro-Flights
T. 04561 53 70 20
www.gyro-flights.de

Entdecken
Grube

Blick in die Geschichte des Ortes

In einem typischen Wohnhaus des Ortes von 1890 betreibt der Heimat- und Kulturverein Grube seit 1993 das Dorfmuseum des Ortes, das Einblicke in das Leben früherer Zeiten in der Region gewährt. Es beginnt bereits mit der Steinzeit, wo in einem Modell der Lebensalltag und das Handwerk in der Zeit dargestellt sind. Das dörfliche Handwerk und die bäuerliche Landwirtschaft, der Fischfang und die Reetgewinnung sowie Verarbeitung werden gezeigt. Ein Schlafzimmer aus dem Jahr 1900 und ein Klassenzimmer aus der Zeit um 1930 sind nachgestellt. Auch Informationen über die erstmalig 1232 erwähnte St.-Jürgen-Kirche, die den Ort geprägt hat, sind zu finden und der Live-Einblick über ein Kamerasystem in das Storchennest des Ortes ist ebenso interessant.

Dorfmuseum Grube
Hauptstraße 18
23749 Grube
T. 04364 47 15 63
www.gemeinde-grube.de/kunst-kultur
Mai bis September, Mi u. Fr 16-18 Uhr

Erleben
Dahme

Ferien auf dem Rücken der Pferde

Das wäre vielleicht etwas für die Mädchen in der Familie. Ein paar Reitstunden, ein Kurs oder komplette Reitferien auf dem Hof der Ostseereitschule. Jungs aber auch Erwachsene sind dort ebenso willkommen. Die Reitschule bietet neben ganzjährigem Reitunterricht, Ausritte, Lehrgänge, Trainerschulungen, Schnupperveranstaltungen und komplette Reitferien mit Übernachtung, Verpflegung und Reitprogramm an. Reithalle, Außenplatz, Geländebahn, Geschicklichkeitsparcours und umliegende Pferdeweiden sind vorhanden und etwa 20 Ponys und Großpferde stehen bereit, durch die umliegenden Wiesen und Wälder sowie am Strand entlang geritten zu werden.

Ostseereitschule Lütt Piergorn
Gruberhagen
23747 Dahme
T. 04364 525
www.ostseereitschule.de

Entdecken
Dahme

Das „Licht der Freiheit"

Höved bedeutet Anhöhe und in der Tat liegt der Leuchtturm von Dahmeshöved exponiert und erhöht auf dem Dahmer Kliff, an dem entlang sich auch eine kleine Wanderung anbietet. Mit der Klippe ergibt sich für den 29 m hohen achteckigen Ziegelturm eine Feuerhöhe von 34 m, womit der 1878/79 erbaute und unter Denkmalschutz stehende Leuchtturm sein Licht 23 Seemeilen (42,6 km) weit werfen kann. Er dient als Orientierungsfeuer in der Lübecker und Mecklenburger Bucht. Für die Bewohner der ehemaligen DDR wurde das Leuchtfeuer auch als „Licht der Freiheit" bezeichnet und konnte bei Fluchten über das Meer als Orientierung dienen. Der kleinere Backsteinturm, der 1939 ergänzend für die Leuchtturmwärter zur Wettererfassung gebaut wurde, und die anliegenden Wohngebäude werden heute privat genutzt. Seit 1978 arbeitet der Turm vollautomatisch. Besonders schön ist es, wenn man einer Leuchtturmführung beiwohnen und den herrlichen Ausblick auf die Ostsee genießen kann.

Leuchtturm Dahmeshöved
Dahmeshöved
23747 Dahme
T. 04364 49 200
www.ostsee.de/dahme/leuchtturm.php

7 Erleben
Kellenhusen

Wenn Scheiben durch die Luft segeln

Beim Discgolf versucht man eine spezielle Wurfscheibe (Disc) mit möglichst wenigen Würfen in einen aufgestellten Korb zu platzieren. Wie beim Golf wird dort weitergespielt, wo die Scheibe gelandet ist, und auch bei diesem Spiel sind meist Hindernisse und Schwierigkeiten zu umspielen. Auf dem Kellenhusener Gelände gibt es 22 Bahnen mit einer Länge von 43 bis 157 Metern und mit unterschiedlichen Schwierigkeitsgraden. Es werden Anfängerkurse angeboten, aber auch Turniere werden vom Verein Ostseediscgolf Kellenhusen veranstaltet, der im Jahre 2020 und 2021 den Deutschen Meister in dieser Sportart stellte. Das Spiel ist schnell erlernbar und wer früher in den Schulpausen, am Strand oder auf dem Uni-Campus schon immer eifrig Frisbee gespielt hat, wird mühelos zu einem respektablen Handicap gelangen.

Ostseediscgolf Kellenhusen
Am Wintershof 3
23746 Kellenhusen
T. 04364 47 08 455 u.
0172 43 62 049
www.ostseediscgolf.de

8 Genießen
Kellenhusen

Traditionelle und bodenständige Ostseeküche

Benannt nach der Viermastbark Passat liegt das Restaurant auch quasi am Wasser. Wer von der Terrasse über den Promenadenweg schreitet, befindet sich direkt am Ostseestrand. Entsprechend ist der Ausblick von der windgeschützten Terrasse. Und was auf den Teller kommt, ist ausgefallen und handgemacht. Regionalität, Frische und Saisonalität spielen bei der Bereitung eine wichtige Rolle. Die Küche bezeichnet sich selbst als mediterran beeinflusst, mit süddeutschen Wurzeln und nord-

deutscher Tradition. Probieren Sie einmal die unterschiedlichen Variationen, in denen die Scholle zubereitet werden kann! Aber auch Dorsch, Matjes und Lachs sowie die Steak- und Schnitzel-Gerichte sowie die vegetarischen Zubereitungen sind nicht zu verachten.

Restaurant & Bistro Passat
Strandpromenade 1
23746 Kellenhusen
T. 04364 86 79
www.restaurant-passat.de
tgl. 12-14 Uhr, ab 17 Uhr,
Mi Ruhetag

9 Erleben
Kellenhusen

Das eindrucksvoll illuminierte Wahrzeichen des Ortes

Jeder Kur- und Badeort, der etwas auf sich hält, besitzt an der Ostsee eine Seebrücke, manche haben sogar zwei. In Kellenhusen gibt es eine. Sie ragt 305 m in die Ostsee und stammt aus dem Jahr 2007. Die erste Brücke wurde hier bereits im Jahr 1911 angelegt. Die Kellenhusener Brü cke gilt als Erlebnisbrücke, auf der es drei Themeninseln gibt, wo man sonnenbaden, baden und spielen kann. Am Brückenkopf kann man von der Plattform die Aussicht genießen oder zu einer Ostsee-Ausflugsfahrt starten. Die DLRG ist mit einem Aussichtsturm zur Badeüberwachung auf der Brücke vertreten. Sie ist nicht nur Treffpunkt, sondern auch Veranstaltungs- und Erlebnisort. Besonders romantisch wird es mit Anbruch der Dunkelheit, wenn die Seebrücke durch 31.000 LED's in wechselndes, mystisches Licht getaucht wird.

Seebrücke Kellenhusen
www.kellenhusen.de/unsere-lichtbruecke

10 Genießen
Grönwohldshorst

Köstlichkeiten direkt vom Hof

Der Hof Klostersee wird seit 1987 biologisch-dynamisch bewirtschaftet und Produkte aus dieser Tätigkeit können Sie direkt in dem seit 2010 existierenden Hofladen erwerben. So gibt es aus der eigenen Bäckerei Brote und Gebäck aus dem Mehl des Hof-Getreides, Käse und andere Molkereiprodukte, wie die pikanten Rotschmiere-Käsesorten aus der Milch der 50 schwarzbunten Kühe des Hofes, hergestellt in der Hof-Käserei, sowie Wurst- und Fleischwaren von auf dem Hof lebenden Rindern und Schweinen. Hinzu kommen ein umfängliches Naturkost-Sortiment und ein kleines Café mit Terrasse, in dem hausgemachte Kuchen genossen werden können. Die Hofgemeinschaft besitzt einige Ferienwohnungen, führt Seminare, Festveranstaltungen und Hofführungen durch und veranstaltet die Kulturreihe Klostersee, zu der beispielsweise eine kleine Konzertreihe im Sommerhalbjahr gehört. Interessant ist auch das Altenwohnprojekt des Hofes Klostersee.

Hof Klostersee
Klostersee 1
23743 Grömitz/Grönwohldshorst
T. 04366 88 40 61
www.klostersee.org
Hofladen Mo-Fr 9-18 Uhr, Sa 9-16 Uhr

11 Entdecken
Cismar

Vom Benediktinerkloster zum Landesmuseum

Das 1231 gegründete Kloster in Cismar gilt als eines der bedeutendsten Bauwerke lübischer Frühgotik und ist im Besitz des ältesten geschnitzten Flügelaltarschreins (1310/1320), den die Kunstgeschichte kennt. Nach wechselvoller Geschichte, u. a. als bedeutender Pilgerort, gehört das Kloster heute zu den Landesmuseen Schleswig-Holsteins. Kirche und Klosteranlage sind nur im Rahmen von Führungen zu besichtigen, lediglich der Vorraum der Klosterkirche ist während der Saison zu betreten. Es finden Gottesdienste, Kirchenmusiken, Konzerte, Kunst- und Kulturtage und Sonderausstellungen statt. Bei dem jährlichen Klosterfest gibt es zahlreiche Stände von Künstlern und Kunsthandwerkern, die zum Teil auch auf dem Klostergelände oder in der näheren Umgebung ihre Ateliers und Arbeitsräume haben. Dem hübschen Kloster-Café im ehemaligen Refektorium des Klosters sollte man einen Besuch abstatten und auch der Klosterpark mit alten Bäumen lädt zu einem Rundgang, bei dem auf einem Naturpfad mit diversen Tafeln über die Tier- und Pflanzenwelt des Parks informiert wird.

Kloster Cismar
Bäderstraße 42
23743 Grömitz/Cismar
T. 04366 88 46 522 u.
04366 88 88 81 (Café)
www.landesmuseen.sh
www.kloster-cismar.de
Di-So 10-17 Uhr
Café: Di-So 10-18 Uhr

12 Entdecken
Cismar

Kunst und Kunsthandwerk im Umfeld des Klosters Cismar

Eine ganze Zahl von Künstlern, Kulturschaffenden und Kunsthandwerkern haben ihre Werkstätten, Ateliers und Arbeitsräume in Cismar auf dem Klostergelände und in der näheren Umgebung. Wir nennen hier beispielhaft einige der Künstler. Es lohnt sich aber auf weitere Entdeckungstour zu gehen. Da haben wir die Skulpturen und Plastiken von Katrin Faasel, Fotografien von Heike Lellmann oder traditionelle, japanische Keramiken von Jan Kollwitz. Malkurse und Bildausstellungen gibt es im Atelier an der Kate von Gisela Ebert und in der Traumwerkstatt von Elke Tittelbach. Kunstvoll gefaltete Papiere fertigt Kathrin Schulte, Vintage Möbel Design gibt es in der Grömitzer Werkstatt von Annette Hardes und maritime Skulpturen entstehen in der Pottery Werkstatt in Lensterbek von Cornelia Scheefeld. Kreativ-Kunst aus unterschiedlichen Materialien entsteht in der Kreativ-Werkstatt Kattenberg von Sabine Höft-Dammer und Gaby Marschall fertigt ebenso Kreatives aus Holz und Stoff. Hannelore Fischer praktiziert alte Schriftkunst und gibt auch Kurse darin.

Künstler und Kulturschaffende am Kloster Cismar und Umgebung
www.lelli-photo.de
www.jankollwitz.de
www.werkstatt-der-traeume.de
www.das-weisse-blatt.de
www.pottery-cismar.de
www.kreativ.cismar.de
www.cismar.de/schrift.htm

13 **Entdecken**
Cismar

Über die Vielfalt und Schönheit der Schnecken und Muscheln der Welt

Muschel- und Schneckenschalen bei der Strandwanderung zu sammeln gehört zu den beliebten Tätigkeiten und falls man nicht genau weiß, was man gefunden hat, kann man zum Haus der Natur in Cismar gehen. Die dortigen Experten wissen es bestimmt. Mit den mehr als 5.000 ausgestellten Arten besitzt das Museum die größte Muschel- und Schneckenausstellung in Deutschland. Die wissenschaftliche Sammlung des seit 1979 privat betriebenen Museums umfasst mehrere Millionen Exemplare. Die Vielfalt der Mollusken, die mit 135.000 Arten weltweit immerhin den zweitartenreichsten Tierstamm stellen, ist beeindruckend. Bizarre Formen, prächtige Farben und faszinierende ökologische Anpassungen kann man im Haus der Natur kennenlernen. Darüber hinaus informiert die naturkundliche Ausstellung über viele weitere Tiergruppen und diverse Präparate, Schaukästen und Modelle von Säugetieren, Insekten, Spinnen, Vögeln sind ebenso zu besichtigen wie Steine, Fossilien, Pflanzensamen und -früchte. Sonderausstellungen, Vorträge, Exkursionen, Kurse, pädagogische und ökologische Arbeiten im Gelände und viele Publikationen zur Wissenschaft und allgemeinen Naturkunde machen das Museum nicht nur zu einer bedeutenden wissenschaftlichen Einrichtung, sondern auch zu einem Besuchs-Highlight für jeden naturkundlich interessierten Besucher der Region.

Haus der Natur - Cismar
Bäderstraße 26
23743 Cismar
T. 04366 12 88
www.hausdernatur.de
tgl. 10-19 Uhr
(im Winter z.T. bis 17 Uhr)

14 Entdecken

Grömitz, Lensahn, Cismar, Grube, Dahme, Kellenhusen

Per Rad die Küste und das Hinterland erkunden

Mit dem Rad kann man gemütlich eine Region und ihre Bewohner kennenlernen und tut gleich noch etwas für die Fitness. An der Ostsee zwischen Grömitz und Dahme gibt es über 300 km ausgewiesene Radwege. Die große, 67 km lange Rund-Tour geht beispielswiese von Grömitz über Lensahn und dann über Grube an die Küste und auf dem Ostseeküsten-Radweg zurück nach Grömitz. Ebenfalls gut ausgeschildert sind die Na-Tour durch den Staatsforst Kellenhusen, die His-Tour über Cismar und Lensahn an die Küste sowie die Kul-Tour die von Dahmeshöved über Kellenhusen ins Binnenland bis nach Oldenburg und wieder zurück führt. Rad-Verleihe gibt es zahlreich und ebenso auch Radfahrer freundliche Unterkünfte und gemütliche Hof-Cafés entlang der Strecken. Geführte Touren werden angeboten und die GPS-Tourdaten kann man sich bequem aufs Handy laden.

Radtouren Ostseeküste und Binnenland
www.ostseeferienland.de/radfahren-ostsee

15 Entdecken

Grömitz, Cismar, Dahme, Kellenhusen

Den ländlichen Raum neu erleben

Wenn Sie durch das Ostseehinterland bei Grömitz und Kellenhusen per Rad, zu Fuß oder mit dem Auto unterwegs sind, kann es sein, dass plötzlich Kunstwerke in der Landschaft auftauchen. Es könnte sich um Ausstellungsstücke des Projektes Landkunststück handeln, bei dem Installationen und Skulpturen im bäuerlichen Umfeld den Dialog zwischen Landwirtschaft und Verbrauchern anstoßen sollen. Der Blick der Feriengäste auf die Kulturlandschaft, ihre Bewohner und ihr Leben soll geschärft werden und so eine neue Wertschätzung der Produktionstätigkeit der Landwirte von Nahrungsmitteln oder erneuerbaren Energien entwickeln. Gehen Sie auf Entdeckungstour zu den Landkunststücken, wie das Kunstwerk „Bodenpunkte" von der Künstlerin Sigrid Stegemann mit blattvergoldeten Steinen (Bodenpunkte symbolisierend) auf farbigen Findlingen am Hof Hopp in Grömitz-Lenste, zur Eiseninstallation mit Winterlinde „Baum – Mensch – Baum" von Margit Huch zwischen Dahme und Kellenhusen oder zur Video-Installation „Splitter" des Filmemachers und Fotografen Jobst von Berg, die sich in einem ehemaligen Silo auf dem Gelände von Hof Körnick an der B 501 zwischen Grömitz und Bliesdorf befindet.

LandKUNSTstück
www.groemitz.de/landkunststueck

16 Genießen

Grömitz, Cismar

In ländlicher Atmosphäre genießen

Für einen kleinen Ausflug aufs Land oder als Einkehrmöglichkeit bei einer Radtour oder Wanderung gibt es eine ganze Reihe von Landcafés und Bauerngasthöfen im Hinterland. Wir nennen hier beispielhaft zwei, die zwischen Grömitz und Cismar zu einer kleinen Einkehr einladen. Das Scheunencafé Hof Hagen bietet in einer rustikalen Scheune und auf der überdachten Terrasse selbstgebackene Torten und Kuchen. In den anliegenden Gehegen kann man einige der Hoftiere wie Schafe, Ziegen, Hühner und Gänse treffen. Im Hofladen gibt es ein buntes Sortiment aus Wurst- und Fleischprodukten, auch von Geflügel und Wild sowie zahlreiche weitere ländliche Produkte. Das Bauernhof-Café Ziegelhof der Familie Mougin liegt direkt an der B 501 zwischen Lenste und Grömitz. Dort kann man Torten und Kuchen aus eigener Herstellung mit immer wieder neuen Kreationen genießen. Der angeschlossene Hofladen bietet Produkte aus der Region wie erntefrische Erdbeeren, Spargel und Kartoffeln. Frühstücksbufetts laden zum Schlemmen ein. Sie können wie die Kaffeespezialitäten im Sommer draußen und im Winter am gemütlichen Kaminfeuer genossen werden.

Hof Hagen Scheunencafé & Hofladen
Stadtfurth 8
23743 Grömitz
T. 04366 89 770
www.hofhagen.de

Café zum Ziegelhof
Ziegelhof 2
23743 Grömitz/Lenste
T. 04366 88 46 531
www.hof-mougin.de

17 Entdecken
Grömitz

Die mittelalterliche Fischer- und Dorfkirche des Ortes

Die dreiteilige Feldsteinkirche in Grömitz stammt aus dem 13. Jahrhundert. Das Mauerwerk aus glatten und gespaltenen Feldsteinen datiert noch aus der Ursprungszeit; die mit Backstein gemauerten Bereiche einschließlich dem Turm kamen später hinzu. Die Inneneinrichtung wurde vermutlich in den Wirren des Dreißigjährigen Krie-

ges vernichtet, da die heutige Innenausstattung im Wesentlichen aus dem 17. und 18. Jahrhundert stammt. Dazu gehören neben dem Altarwerk in österreichischem Barock von 1734 eine spätbarocke, reich verzierte dreistöckige Taufkrone, eine Rokoko-Kanzel, Holzschnitzereien, Messingleuchter, Bilder, Buntglasfenster, Reste mittelalterlicher Wandmalereien und Weiteres. Gewidmet ist die St. Nicolai Kirche dem Märtyrerbischof Nicolaus von Myra, Freund der Kinder und Bedrängten, aber auch Schutzpatron der Fischer.

St. Nicolai Kirche
Schulweg 1a
23743 Grömitz
T. 04562 60 18
www.ev-kirche-groemitz.de
tgl. 9-17 Uhr

18 **Entdecken**
Grömitz

Stöbern und Finden

Die Buchhandlung bietet neben regionaler Literatur auch Veranstaltungen an. Sie versteht sich als regionaler Treffpunkt für Kultur. Vom spannenden Kriminalroman bis zu Kinderbüchern reicht das Sortiment. Darüber hinaus werden Geschenkartikel und Gesellschaftsspiele angeboten.

Buchhandlung Ton & Text
Wicheldorfstraße 11
23743 Grömitz
T. 04562 2 25 58 15
www.tonundtext.de

19 **Entdecken**
Grömitz

Bücher und Mehr

Im Geschäft „Zur Sonne“ direkt an der Strandpromenade finden Sie neben Büchern und Kalendern alles, was Sie sonst noch für einen schönen Tag am Meer brauchen.

Zur Sonne
Torben Möller
Kurpromenade 66
23743 Grömitz
T. 04562 51 62
www.zur-sonne-groemitz.de
Winter (1. November bis 31. Januar) 10-16 Uhr

20 Erleben
Grömitz

Alle Tiere an Bord der Arche Noah?

Die Arche Noah ist ein 10 Hektar großes Parkgelände, wo über 300 Tiere aus aller Welt zu bestaunen sind. Es gibt u. a. ein großes Schimpansenhaus, eine begehbare Haustieranlage, eine Seehund- und Australienanlage und viele Informationen zu den einzelnen Tieren. Für die Kleinen gibt es zudem einen Abenteuerspielplatz, eine Kinder-Eisenbahn und das Arche Noah Spielschiff. Für eine kleine Stärkung kann man im Holzhaus-Restaurant mit einer großen Sonnenterrasse einkehren oder man hat sich vorab einen Grill- und Picknickplatz reserviert. Es ist schon ein besonderes Erlebnis, nicht nur für Kinder, Nasenbären, Löwen, Lamas, Schwarze Leoparden, Waschbären und anderen Tieren Aug in Aug gegenüber zu stehen.

Zoo-Park Arche Noah
Mühlenstraße 32
23743 Grömitz
T. 04562 56 60
www.zoo-arche-noah.de
Sommer tgl. 9-18 Uhr; Winter tgl. 9 Uhr bis zum Einbruch der Dunkelheit

21 Erleben
Grömitz-Lensterstrand

Klettern mit Blick aufs Meer

Die Kletterfreunde kommen am Lensterstrand bei Grömitz auf ihre Kosten. Nahe am Wasser und der Promenade kann man beim Kraxelmaxel-Kletterpark weit auf die Ostsee hinaus blicken, wenn man in einer Höhe von 4 bis 10 m balanciert, klettert und hangelt. Ständig gut gesichert arbeitet man sich von Plattform zu Plattform, über Drahtseile, bewegliche Holzbrücken, durch Holzrohre über insgesamt sechzig Stationen. Und am Ende geht es entweder mit der Seilbahn oder mit dem Basejump runter. Und wenn man wieder festen Boden unter den Füßen hat, kann man noch eine Partie Minigolf auf dem zugehörigen Platz spielen.

Ostsee-Kletterpark
Blankwasserweg 120
23743 Grömitz-Lensterstrand
T. 04562 26 62 940
www.kraxelmaxel.de
Öffnungszeiten im Internet

22 Genießen
Grömitz

Maritim speisen in Grömitz

Urlaub an der Küste heißt auch, dass man kulinarisch maritime Erfahrungen machen möchte. Zahlreiche Restaurants an den Promenaden haben Fisch und Meeresfrüchte im Angebot. In Grömitz beteiligt sich eine Reihe von Gastronomen an der Aktion Ostseegericht. Wir nennen mal die Teilnehmer 2020, die ein 17 € Fisch-Gericht in ihrem Restaurant anboten. Auch wenn die Aktion auslaufen sollte, kann man doch in diesen gastronomischen Einrichtungen gewiss auch weiterhin ein gutes Küstenmahl genießen. Hier die teilnehmenden Restaurants mit ihren Gerichten: Im Störtebeker „Störtebeker's Meuterei" (Zanderfilet mit Süßkartoffelpüree), im Hotel Strandidyll „Exotische Ostseeliebe (Fjordlachs mit Langustini), im Hotel Zur Schönen Aussicht „Fischers Fang" (Rotbarschfilet), im Restaurant Zur Düne „Nordischer Genuss" (Nordisches Lachsfilet auf Butterkohlrabi), Steg 1 im Strandhotel „100% Norddeutsch" (Dorschfilet in Steckrüben/Sanddornsauce), im Falkenthal Seafood „Falkenthal Special" (Rotbarsch im Zucchinimantel), in der Friesenstube „Schiemanns Garn" (Dorschfilet an grüner Currysauce).

Fischgerichte
www.stoertebeker-groemitz.de; www.strandidyll.de; www.schoene-aussicht-groemitz.de; www.zurduene-groemitz.de; www.strandhotel-groemitz-ostsee.de; www.falkenthal-seafood.de; www.friesenstube-grömitz.com

23 Erleben
Grömitz

Trockenen Fußes Abtauchen in die Unterwasserwelt der Ostsee

Der Seebrückenvorplatz ist der Treff- und Veranstaltungsplatz des Ortes, wo beispielsweise Weltfischbrötchentag oder Ostsee in Flammen zelebriert werden. Von hier geht es über die Seebrücke 400 m in die Ostsee und mit der Tauchgondel nochmals etwa 4 m senkrecht in die Tiefe. Von der Seebrückenspitze starten nicht nur die Bäderschiffe, die nach Boltenhagen, Wismar und Travemünde schippern, sondern die dortige Tauchglocke bietet ein ganz besonderes, maritimes Erlebnis: eine Tauchfahrt in die Unterwasserwelt der Ostsee. Je nach Jahreszeit kann man an den Fenstern unterschiedliche Meeresorganismen wie Fische, Quallen, Krebse, Algenfelder und Seegraswiesen in ihrem natürlichen Lebensraum beobachten. Das 3-D Kino unter Wasser gibt weitere Einblicke in das Unterwassergeschehen in der Ostsee.

Tauchgondel Grömitz
Kurpromenade 0
23743 Grömitz
T. 04562 22 51 30
www.tauchgondel.de
April, Mai, September, Oktober 10-19 Uhr, Juni bis August 10-20 Uhr, November bis März 11-16 Uhr, jeweils Mi-Sa

24 Erleben
Grömitz, Kellenhusen, Dahme

Das Familien- und Kinder-Eldorado

Der endlose Sandstrand an der Küste der Seebäder Grömitz, Kellenhusen und Dahme ist für die Familien und Kinder eigentlich schon Erholung und Unterhaltung genug, aber es wird einiges mehr geboten: Ist das Wetter mal schlechter, kann man in die Grömitzer Welle, ins Schwimmbad Kellenhusen oder ins Waldbad in Lensahn gehen. Radtouren ins Umland, Reit- oder Schiffsausflüge kann man unternehmen oder Sportarten wie Segeln, Surfen oder Stand Up Paddling (SUP) erlernen. Es gibt Kinderanimations-Angebote, Sonderveranstaltungen wie die Piratenwoche oder Weihnachtsmärkte. Eine Fahrt mit dem Rasenden Benno ist eine ebenso schöne Abwechslung wie eine Partie Minigolf, die Wasserrutsche am Grömitzer Strand, die Trampolinanlage oder ein Besuch des Familienkinos im Ort. Spielplätze findet man ebenfalls vielerorts, wie beispielsweise in Grömitz an der Promenade, im Kurpark oder am Yachthafen sowie an der Promenade in Dahme oder im Kellenhusener Wald. Also Langeweile sollte da eigentlich nicht aufkommen!

Familien- und Kinder Attraktionen
www.groemitz.de
www.kellenhusen.de
www.dahme.com

25 Entdecken
Altenkrempe

Schönes Beispiel mittelalterlicher Kirchenbaukunst in Ostholstein

Die spätromanische, dreischiffige Backsteinkirche wurde wohl im Zeitraum 1190 bis 1240 erbaut. Damals war die Kirche vermutlich noch inmitten eines ehemaligen wendischen Wohnplatzes gelegen und sollte das Vordringen des Christentums dokumentieren. Das Innere wurde im Laufe der Zeit im barocken Stil umgestaltet. Sehenswert sind u. a. die schüsselartige Bronzetaufe aus dem 13. Jahrhundert, die Kanzel von 1687, die Taufschale aus dem 17. Jahrhundert und der Hochaltar von 1741. Hinzu kommen ein Kruzifix aus dem 18. Jahrhundert, Epitaphien, eine Grabplatte, Kronenleuchter, die Sauerorgel und das Chorgestühl aus dem 19. Jahrhundert.

Basilika Altenkrempe
Milchstraße 18
23730 Altenkrempe
T. 04561 44 17
www.altenkrempe-kirchengemeinde.de
tgl. 9-17 Uhr

26 Entdecken
Hasselburg

Vom herrschaftlichen Gut zur Kultur-Einrichtung

Bekannt ist das Gut Hasselburg bei Altenkrempe durch die Fernsehserie „Das Erbe der Guldenburgs“ Es kann auf eine lange und bewegte Geschichte zurückblicken. Bereits um 1200 wird eine mit einem Wassergraben umgebene Turmhügelburg (Motte) erwähnt, später ist von einer Wasserburg die Rede und 1710 wird diese zu einem klassizistischen Herrenhaus umgebaut, wobei auch die große Scheune, das Torhaus und weitere Außenscheunen hinzukommen. Die Besitzer wechseln mehrfach und 2010 wird das Areal samt Gebäuden von der Stahlberg-Stiftung erworben. Das Ensemble wird umfassend renoviert und zum Kultur Gut entwickelt. Heute gibt es hier

Übernachtungsmöglichkeiten, vor allem im 1763 erbauten Torhaus und es finden kulturelle Veranstaltungen statt wie das Hasselburg Festival, Workshops, Musicals und Konzerte des Schleswig-Holstein-Musik Festivals (SHMF). Das Café Cembalo bietet hausgebackenen Kuchen und kleinere, herzhafte Gerichte. In der Alten Meierei kann man das Gutsmuseum besichtigen, das über die Geschichte des Herrenhauses und seine wechselnden Besitzerfamilien informiert und von Maria-Elisabeth zu Stolberg, Tochter und Schwester der letzten Besitzerinnen des Gutes vor dem Verkauf an die Stiftung, betrieben wird.

Kultur Gut Hasselburg
Allee 4
23730 Hasselburg
T. 04561 52 81 966
www.hasselburg.de
www.cafecembalo.de
April bis September 11-17 Uhr.
Mo Ruhetag

Museum Alte Meierei Gut Hasselburg
Allee 7
23730 Hasselburg
T. 04561 52 60 78
März bis September Fr, Sa, So 10-18 Uhr
(und auf Anfrage)

27 Entdecken
Sierhagen

Lebendige Tradition auf dem Gut Sierhagen

Die wehrhafte Anlage des Gutes Sierhagen ist von einem Wassergraben umgeben und nur über zwei Brücken und die jeweiligen Torhäuser zu erreichen. Die bereits im 12. Jahrhundert erstmalig erwähnte Anlage betritt man heute auf einem kopfsteingepflasterten Weg und trifft in der Innenhofmitte auf ein Lindenrondell, im Südosten steht das klassizistische dreigeschossige Herrenhaus, das in der heutigen Form 1825 auf der alten Bausubstanz des Vorgängerbaus aus dem 16. Jahrhundert von dem französischen Architekten Alexis de Chateauneuf entworfen wurde. Der moderne Hof bewirt-

schaftet eine Fläche von 1650 Hektar. Verschiedene Veranstaltungen und Märkte finden auf dem Gutsgelände statt wie der Antik- und Trödelmarkt, das Sommerfest, der Weihnachtsbaumverkauf oder die Ambienta, bei der mehr als 150 Aussteller aus allen Bereichen des schönen und genussvollen Lebens Tausende von Besuchern anlocken.

Gut Sierhagen
Schlosshof 2
23730 Sierhagen/Altenkrempe
T. 04561 43 12
www.gut-sierhagen.de

28 Entdecken und Genießen
Sierhagen

Für Feinschmecker und Gartenfreunde
Etwas außerhalb des Wassergrabenareals des Gutes Sierhagen finden Sie das Palmenhaus Café, 2014 und 2018 als eines der besten Cafés in Deutschland von der Zeitschrift Der Feinschmecker ausgezeichnet, wo es in der Begründung u. a. heißt: „Mehr Idylle im Hinterland der Ostsee geht nicht." Machen Sie sich selbst ein Bild und nehmen Platz im Glashaus, in dem früher nicht winterfeste Kübelpflanzen untergebracht wurden, oder auf der netten Terrasse und genießen den Ausblick auf das umgebende Gartenareal und die weiten Felder um die Gutsanlage. Bei den erlesenen Kuchen und Torten können Sie nicht viel falsch machen. Ansonsten wählen Sie einfach die Torte des Monats, sei es Stachelbeer-Baiser, Ostfriesentorte oder Schwarzwälder Kirsch. Auch der Alten Gutsgärtnerei, der wohl letzten vollständig erhaltenen Gutsgärtnerei in Norddeutschland, sollte man einen Besuch abstatten. Hier kann man nicht nur neue Ideen für die Gartengestaltung bekommen, sondern auch besondere Pflanzen und feines Gartenzubehör kaufen. Auch Skulpturen gehören dazu und die im Gartengelände verteilten Kunstwerke aus Zimbabwe der Galerie Zimart aus Hamburg erfreuen nicht nur den Besucher, sondern können auch erworben werden.

Palmenhaus Café
Heidberg 1
23730 Sierhagen
T. 04561 55 84 12
www.palmenhauscafe.de
April bis Oktober Di-So 14-17 Uhr

Alte Gutsgärtnerei
Heidberg 1
23730 Sierhagen
T. 0176 55 90 82 33
www.gutsgaertnerei-sierhagen.de
Osterwochenende eines jeden Jahres bis Ende Oktober:
Di-Sa 13-18 Uhr, So u. Feiertage 14-18 Uhr (bei schönem Wetter), Öffnungszeiten der Gutsgärtnerei können sich von denen des Palmenhaus Cafés unterscheiden.

29 Entdecken
Süsel

Seezeichen, Wahrzeichen und Aussichtsturm

Vom 98 m hohen Gömnitzer Berg hat man einen schönen freien Blick auf die umliegenden Landschaften bis hin zur Ostsee. In früheren Zeiten stand auf der Kuppe ein mächtiger „Major" genannter Baum, der den Seefahren als wichtige Landmarke auf dem Weg zur Travemündung diente. Als der Baum 1815 durch Sturm oder Blitzschlag vernichtet wurde, fehlte diese Orientierungsmöglichkeit und man beschloss, an der Stelle einen Turm zu errichten. Der daraufhin ab 1826 errichtete 12 m hohe runde Ziegelbau von 2 m Durchmesser übernahm fortan die Seezeichen-Funktion. Als mit verbesserter Navigationstechnik der Turm überflüssig wurde, beschloss man ihn abzureißen, was einigen Protest verursachte, zumal der Turm inzwischen zum Wahrzeichen der Gemeinde Süsel geworden war und im Wappen auftauchte. Der Abriss wurde verhindert und das kleine Gebäude unter Denkmalschutz gestellt. Seither dient der Turm vor allem als touristische Attraktion und Aussichtspunkt, auf den eine 41-stufige Wendeltreppe hinaufführt.

Gömnitzer Turm
Zum Major
23701 Süsel

Neustadt bis Scharbeutz

1 Stadtrundgang Neustadt *34*
2 Tage der Küstenwache *35*
3 Ristorante Vicino & Eis-Café Vicino *35*
4 Neustädter Kunst-Kilometer *36*
5 zeiTTor Museum Neustadt *37*
6 Museum Cap Arcona *38*
7 Buchhandlung Buchstabe *39*
8 Klüvers Brauhaus *39*
9 Café, Bistro, Bar Waterkant *40*
10 Mietboote Neustadt *41*
11 Zu Fuß oder per Rad die Gegend erkunden *41*
12 Projekt – Sterne für alle *42*
13 SwinGolf Pelzerhaken *42*
14 Hofanlage Marienhof *43*
15 BUND-Umwelthaus Neustädter Bucht *43*
16 Manuferrum Garten & Design *44*
17 ancora Marina *45*
18 Hansa-Park *45*
19 Kunstpfad *46*
20 Hof Sierksdorf *47*
21 Nordic Walking *47*
22 Maritimer Infopfad *48*
23 St.-Laurentius-Kirche *49*
24 Seepark Süsel *49*
25 Café-Häuschen *50*
26 Fischerei-Erkundungspfad *51*
27 Restaurant Ocean's *52*
28 Skatepark *52*
29 Dünengolf *53*
30 Strandkirche Scharbeutz *53*
31 Buchladen Christian Kurth *54*
32 Hamptons Scharbeutz *54*
33 Waldhochseilgarten Scharbeutz *55*
34 Ostsee Therme *56*
35 Museum für Regionalgeschichte *57*
36 Gedenkstätte Ahrensbök *57*
37 Hofladen und Hof-Café Steffens *58*
38 St.-Marienkirche *58*
39 Restaurant Brechtmann/ Restaurant, Café, Hotel Butz *59*

1 **Entdecken**

Neustadt

Auf den Spuren alter Gemäuer

Ob der günstigen strategischen Lage wurde das heutige Neustädter Gebiet frühzeitig besiedelt und im Jahre 1244 wurden die Stadtrechte verliehen. Einige der alten Gebäude haben die Zeiten überdauert und können bei einem kleinen Stadtrundgang besichtigt werden. Von Westen kommend befindet sich kurz vor der Brücke über die Wasserverbindung zwischen Binnenwasser und Ostsee das 1344 gegründete Hospital zum Heiligen Geist, das vor der damaligen Stadt lag und gebrechlichen und kranken Pilgern eine Herberge bot. Die kleine Backsteinsaalkirche kam 1407 hinzu. An der Brücke steht das klassizistische Brückengeldeinnehmerhaus, an dem bis 1930 noch kassiert wurde. Heute können Sie so den Wasserlauf überqueren und gleich rechts zum Hafen einbiegen oder geradeaus über die Brückstraße den Markt mit der Stadtkirche erreichen, dem ältesten ab 1238 erbauten Gebäude der Stadt, sowie das aus klassizistischer Zeit stammende Rathaus. An diesem vorbei kommen Sie über die Kremper Straße zum gleichnamigen Tor, das aus der Gründerzeit der Stadt stammt und heute das zeiTTor- und das Cap Arcona-Museum beherbergt. Die erhaltenen Kaufmannshöfe und Speicher des Ortes weisen auf den ehemaligen Handels-Reichtum der Stadt hin. Am bekanntesten ist der asiatisch anmutende Pagodenspeicher von 1830, der am Binnenwasser nahe der Brücke gelegen ist (s. Tipp 3).

Stadtrundgang Neustadt
www.stadt-neustadt.de/Kultur-Tourismus/Tourist-Information

2 Entdecken
Neustadt

Die Küstenwache im Film und im wirklichen Leben

Zwar wurde die Fernsehserie „Küstenwache", die an der deutschen Ostseeküste und vor allem auch in Neustadt spielt, im Januar 2016 nach der Ausstrahlung von 299 Episoden in siebzehn Staffeln eingestellt, aber Fans der Serie gibt es noch immer. Und die können sich in Neustadt auf Spurensuche begeben: So gibt es das Studio 1, den Sport- und Yachtboothafen, das Strandbad, die Schön-Klinik und die Seebrücke, den Surfstrand und den Horchturm in Pelzerhaken. Boote der Küstenwache lassen sich in Neustadt immer wieder beobachten. Seit 2010 finden die Tage der Küstenwache statt, bei denen im Kommunalhafen Neustadt ein open-ship für Seefahrzeuge der Bundespolizei und des Zolls veranstaltet werden. Hier werden die Aufgaben- und Arbeitsbereiche der Bundespolizeiinspektion See vorgestellt und für das kulinarische Angebot ist ebenfalls gesorgt.

Tage der Küstenwache
Infos Tourismus-Agentur Lübecker Bucht
Strandallee 134
23683 Scharbeutz
T. 04503 77 94 100

Tourist-Information Neustadt, Pelzerhaken, Rettin
T. 04503 77 94 180 u. 77 94 290
www.luebecker-bucht-ostsee.de

3 Genießen
Neustadt

Original italienische Küche in fernöstlich anmutendem Pagodenspeicher

Der 1830 erbaute, denkmalgeschützte Pagodenspeicher gehört zu den markanten, historischen Gebäuden Neustadts. In dem ehemaligen Getreidespeicher befindet sich heute u. a. ein italienisches Restaurant. Seit 2019 wird in den neu und hell gestalteten Räumen mit bequemem Gestühl eine original italienische Küche geboten. Neben dem Grundprogramm gibt es saisonal, wöchentlich und täg-

lich wechselnde Spezialitäten. Das dazu gehörige Eiscafé bietet mehr als 20 Sorten von original italienischem Eis, das mit Bio-Milch hergestellt worden ist. Besonders schön ist der Besuch bei Sonnenwetter, wenn man auf dem Schwimm-Ponton einen Platz ergattert und den Blick zwischen fernöstlich anmutender, historischer Pagode und dem stillen Binnenwasser schweifen lassen kann.

Ristorante Vicino & Eis-Café Vicino
Im Pagodenspeicher
Untere Querstraße 3
23730 Neustadt
T. 04561 52 39 133
www.ristorante-vicino.de
Di-So 17-22 Uhr

4 **Entdecken**
Neustadt

Zeitgenössische Kunst am Ufer

Der Neustädter Kunst-Kilometer existiert seit dem Jahr 2005 und gibt Schleswig-Holsteinischen Künstlern die Möglichkeit, einige ihrer Werke im öffentlichen Raum zu präsentieren. Um die 15 Installationen und Skulpturen stehen am Jungfernstieg-Promenadenufer entlang der fjordartigen Hafen-Meeresenge und am Binnenwasser. Stilisierte fliegende Möwen, Spiralen, ein durchlöcherter Obelisk und weitere Kunstwerke, u. a. von Jörg Plickat, Winni Schaak, Pierre Schumann, Jo Kley und anderen kann man während eines beschaulichen Ufer-Spaziergangs bewundern.

Neustädter Kunst-Kilometer
www.stadt-neustadt.de/Kultur-Tourismus/Neustadt-entdecken/Kunst-Kilometer

Erleben
Neustadt

Durch das zeiTTor in die Vergangenheit

Das Kremper Tor ist eines von ursprünglich drei Stadttoren aus dem Mittelalter, das als einziges erhalten ist und heute das Stadtmuseum beherbergt. Das zeiTTor ist ein interaktives Mitmach-Museum, das mehrere Tausend Jahre Menschheits- und Stadtgeschichte durchstreift: Es fängt an mit den ersten nacheiszeitlichen Sammlern und Jägern in der Steinzeit vor 12.000 Jahren, der beginnenden Sesshaftigkeit, geht über die Zeit der slawischen Besiedlung bis zur Stadtgründung und das Stadtgeschehen in der neueren Zeit. Viele Ausstellungsstücke machen die vergangenen Zeiten lebendig und erlebbar. Bedeutend sind die Geräte vom Fundplatz „Marienbad“ in der Ostsee aus der Mittleren Steinzeit. Durch das Kremper Tor gelangt man in das Cap-Arcona-Museum (s. nachfolgenden Tipp).

zeiTTor Museum Neustadt
im Kremper Stadttor
Haakengraben 2-6
23730 Neustadt
T. 04561 61 93 05
www.zeittor-neustadt.de
April bis Oktober Di-So 10.30-17 Uhr, im Winter eingeschränkte Öffnungszeiten

6 **Entdecken**
Neustadt

Eine der größten Schiffskatastrophen

Das Cap Arcona Museum informiert über eine der größten Schiffskatastrophen, die sich in den letzten Kriegstagen in der Lübecker Bucht ereignete. Die beiden Schiffe „Cap Arcona" und „Thielbek" lagen im Mai 1945 mit Tausenden von Häftlingen aus dem KZ Neuengamme bei Hamburg an Bord vor Neustadt. Britische Bomber schossen die Schiffe, die nicht gekennzeichnet waren, durch tragische Umstände versehentlich in Brand. Über 7.000 Menschen, die vorher bereits viel Grausames erlebt hatten, verloren ihr Leben; lediglich wenige Hundert überlebten durch Zufälle. 621 der Opfer sind am Südufer in Neustadt begraben, wo sich auch eine zentrale Gedenkstätte für alle Opfer des Unglücks befindet. In der gesamten Lübecker Bucht und auch auf mecklenburgischer Seite befinden sich diverse weitere Grabstellen und Gedenkstätten an diese Schiffskatastrophe. Das 1990 eröffnete Museum gibt Einblicke in die Vorgeschichte und die Ereignisse, informiert über das Gedenken an die Opfer und zeigt einige der Originalteile der Schiffswracks. Einen weiteren Ehrenfriedhof Cap Arcona, eingekeilt zwischen A1, Autobahnzubringer und B 76, gibt es in Scharbeutz/Haffkrug.

Museum Cap Arcona
im Anbau des Kremper Stadttores
Kontakt
Stadt Neustadt in Holstein
Am Markt 1
23730 Neustadt
T. 04561 61 93 341
www.stadt-neustadt.de
Öffnungszeiten. S. Museum zeiT-Tor (vorhergehender Tipp)

7 Entdecken
Neustadt in Holstein

Gehört zu den besten Buchhandlungen Deutschlands

Die Buchhandlung Buchstabe in Neustadt an der Ostsee in der Hochtorstraße 2 hat 2015, 2019 und 2020 den Deutschen Buchhandlungspreis erhalten. Sie ist damit eine von drei »Besten Buchhandlungen 2020« in Deutschland, so Monika Grütters, Staatsministerin für Kultur und Medien, in Berlin. Um diese Auszeichnung beworben hatten sich 426 unabhängige Buchhandlungen, nominiert für diese Auszeichnung waren 118 Firmen, die mit ihrem leidenschaftlichen Einsatz für Bücher einen wesentlichen Beitrag zur kulturellen Vielfalt in Deutschland leisten.

Buchhandlung Buchstabe
Hochtorstraße 2
23730 Neustadt
T. 04561 88 83
https://buchstabe-neu.buchhandlung.de

8 Entdecken und Genießen
Neustadt in Holstein

Neuer Fisch in alter Fischhalle

In der alten Fischhalle am Neustädter Hafen gibt es seit 2004 ein Restaurant mit angeschlossener Gasthausbrauerei. Der Blick vom Balkon aufs Wasser ist grandios und man überblickt nicht nur den Hafen und Teile der Promenade, sondern sieht auch, wer über die Brücke Neustadt verlässt oder in den Ort anreist. Zu speisen gibt es – man ist schließlich in der Fischhalle – Hering, Dorsch, Scholle, Zander und Weitere in allerlei Variationen. Aber auch Fleischgerichte, Burger und Vegetarisches sind zu bekommen. Highlight ist natürlich das Bier aus der eigenen Braumanufaktur. Es gibt Pils, Dunkel und Weizen, aber in Flaschen auch Bock, Lager, Röker und weitere Spezereien. Brauhausführungen mit Verkostung einiger Biere zu dem hochglanzpolierten Edelstahlsudwerk werden in den Variationen S, M und L angeboten. Wer auf den Geschmack gekommen ist, kann sich im Feinkostladen noch mit einigen Fläschchen Bier, aber auch Bierlikör oder Bierbrand sowie besonderen Delikatessen, Räucherfisch und Feinkostsalaten für zu Hause eindecken.

Klüvers Brauhaus
Schiffbrücke 2-4
23730 Neustadt
T. 04561 71 48 11
www.kluevers.com/brauhaus.html
tgl. 11.30-22 Uhr

9 Genießen
Neustadt

Gastronomische Einrichtung direkt an der Kaikante

Der Name der gastronomischen Einrichtung trifft zu: Man sitzt tatsächlich auf den äußersten Bänken direkt an der Wasserkante; das Gebäude selbst ist allenfalls einen halben Steinwurf von Wasser entfernt. Hier können Sie zentral am Wasser und Hafen gelegen bei schöner Aussicht Salate, Pasta, Burger und Anderes genießen. Gutes Frühstück gibt es, Langschläfer geeignet, von 9 bis 18 Uhr, auch als Veggie-Ausführung. Bei selbst gemachten Kuchen und Kaffeespezialitäten verbringt man den Nachmittag und ausklingen lassen kann man den Abend bei frisch bereiteten Cocktails oder einem Gläschen aus der umfänglichen Gin-Auswahl. Und ein T-Shirt oder ein Zip-Hoodie mit dem Waterkant-Aufdruck lässt sich auch noch erwerben.

Café, Bistro, Bar Waterkant
Waschgrabenallee 31
23730 Neustadt
T. 04561 55 84 380
www.waterkant-neustadt.de
Mo-Sa 9-24 Uhr, So 9-18 Uhr

10 Erleben
Neustadt

Als eigener Kapitän die Gegend vom Wasser aus erkunden

Auf eigene Faust ein wenig über die Ostsee schippern kann man mit den 8 und 15 PS starken Kuttern und Miet-Motorbooten, die in der westlich gelegenen großen ancora Marina zu finden sind. Wer mit dem Boot zum Angeln hinausfahren möchte, bekommt vom Vermieter auch noch ein paar Tipps für günstige Fanggründe mit auf den Weg. Mit diesen Booten kann man sich aber auch ohne Fischfang-Ambitionen und ohne Sportbootführerschein aufs Wasser begeben und die Region einmal aus einer anderen Perspektive erkunden. Es muss dann ja auch nicht gleich der 140 PS starke Coaster sein – für den man dann übrigens auch einen Führerschein benötigte. Per Ausflugsschiff kann man von Neustadt aus natürlich ebenfalls Ausflüge entlang der Küste unternehmen.

Mietboote Neustadt
Nordhafen
ancora Marina - Yachthafen
An der Wiek 7-15
23730 Neustadt
T. 0176 96 91 27 98
www.mietboote-neustadt.de

11 Entdecken
Neustadt

Zu Fuß oder per Rad die Gegend erkunden

Auf einer kleinen Wanderung oder per Rad die Umgebung erkunden ist von Neustadt aus problemlos möglich. Vom Neustädter Hafen kann man immer am Wasser entlang an Kunstwerken, Hafenanlagen und der Seebrücke vorbei auf einem Promenadenweg über fast 8 km bis in die Orte Pelzerhaken und Rettin wandern. Strände, Bade- und Einkehrmöglichkeiten säumen reichlich den Weg. Auch Surfen und Kiten und anderer Wassersport ist möglich. Als Radtour kann man dem Ostseeküstenradweg bis nach Grömitz folgen, wobei dieser streckenweise etwas ins Binnenland versetzt verläuft. Auch eine 31 km lange Radtour von Neustadt ist lohnend. Man fährt am westlichen Rand ums Binnengewässer, unter der A1 hindurch nach Sierhagen und weiter über Roge und Griebel nach Eutin, wo man quasi den dortigen See umrundet und auf nördlicher Strecke über Plumkau nach Sierhagen und nördlich vom Binnengewässer entlang wieder nach Neustadt gelangt.
www.stadt-neustadt.de/Kultur-Tourismus/Neustadt-entdecken/Auf-eigene-Faust

12 Erleben
Neustadt

Faszination Weltall und Sternenhimmel

Wie sagte einst der bekannte deutsche Philosoph Immanuel Kant: „Zwei Dinge erfüllen das Gemüt mit immer neuer und zunehmender Bewunderung und Ehrfurcht, je öfter und anhaltender sich das Nachdenken damit beschäftigt: der bestirnte Himmel über mir und das moralische Gesetz in mir.“ Mit dem Sternenhimmel kann man sich in der Sternwarte Neustadt beschäftigen. Das Team bietet zahlreiche Programme über Sterne, Gasnebel, Galaxien, aber auch zu Sternenbildern, Polarlichtern in der Arktis, schwarze Löcher und dunkle Materie sowie Mondbeobachtungen. Bei den verständlich, anregend und interessant präsentierten Veranstaltungen sind auch verschiedene speziell für Kinder dabei. Man kann sich auch Teleskope zur eigenen Himmelsbeobachtung ausleihen oder man bekommt eine fachkundige Beratung beim Kauf von Beobachtungsoptik.

Projekt – Sterne für alle

Weinreich GbR
Ruhleben 2
23730 Neustadt
T. 04561 52 62 730
Info@Sterne-fuer-alle.de (für Anmeldungen und Anfragen)
www.sterne-fuer-alle.de

13 Erleben
Neustadt

Golf spielen mit harten und mit weichen Bällen

Einen schönen 18- und 9-Loch Golfplatz mit Blick zur Ostsee und durchs Holsteinische Hügelland gibt es an der Brodauer Mühle, zwischen Neustadt und Grömitz gelegen. Ein besonderer Spaß für die ganze Familie ist der SwinGolf-Platz in Pelzerhaken. Echte Golfspieler werden die Nase rümpfen, aber es ist eben eine Variante des Golfspiels, die für Jedermann ist. Es bedarf keiner Platzreife oder Klubmitgliedschaft und das Spiel ist schnell erlernbar. Zudem gibt es im Vergleich zum traditionellen Golf nur einen Schläger und weichere und daher auch ungefährlichere Bälle. Wagen Sie mal eine Runde und hernach geht es ins nahe Café & Bistro Südstrand!

SwinGolf Pelzerhaken

Pelzerhakener Straße 65
23730 Neustadt
T. 04561 72 38
www.swingolf-ostsee.de
April bis Oktober tgl. 8-19 Uhr
www.gc-brodauermuehle.de

14 Erleben und Genießen
Neustadt

Eine schmucke Hofanlage zum Einkehren

Der Marienhof wurde 1871 erbaut und war bis 1985 ein landwirtschaftlicher Betrieb. Nach der Aufgabe der Landwirtschaft wurde das Ensemble allmählich zu dem entwickelt, was Sie heute dort vorfinden: Es gibt Ferienwohnungen, ein Restaurant, ein Hofcafé und einen Laden. Das Restaurant bietet im Ambiente des ehemaligen Kuhstalls eine gutbürgerliche, deutsche Küche mit ausgewählten deutschen Weinen. Im Marienhof-Café, das im ehemaligen Pferdestall untergebracht ist, gibt es neben Kaffee- und Teespezialitäten hausgemachte Kuchen und Torten nach alten und gesammelten Rezepten.

Hofanlage Marienhof
Rosengarten 50
23730 Neustadt
T. 0173 61 64 247
www.hofanlagemarienhof-neustadt.de
Hofcafé: T. 04561 71 311
Mo-So 12-18 Uhr
Restaurant: T. 04561 16 010,
www.restaurant-marienhof.de,
Mi-Fr 17.30-22 Uhr, Sa, So 11.30-14 u. 17.30-22 Uhr

15 Erleben
Neustadt

Umweltbildungsstätte seit 1992

Das Neustädter Umwelthaus des Naturschutzverbandes BUND ist eine Umweltbildungsstätte, die Übernachtungs- und Veranstaltungsmöglichkeiten für naturkundlich und ökologisch interessierte Gruppen und Einzelpersonen bietet. Zudem befindet sich im Eingangsbereich des Umwelthauses eine kleine Informationsausstellung über die Ostsee mit Schaukästen, Aquarium und Info-Materialien. Kindergruppen und Schulklassen können sich als Hausgäste mit der Lebewelt der Ostsee, mit dem Leben in der Steinzeit oder mit dem Wald als Lebensraum beschäftigen. Auch für Einzelbesucher gibt es Veranstaltungsangebote wie Meeresbiologisches Schnorcheln, Erleben der Ostseenatur oder Heilkräuterbestimmung. Der BUND betreut auch das 162 ha große Naturschutzgebiet „Neustädter Binnenwasser“, dessen Lebensräume, vor allem die großen

Salzgrünlandkomplexe, Wasser- und Uferflächen wichtige Brut-, Rast und Nahrungsgebiete für die Vogelwelt darstellen. Machen Sie sich also ruhig mal zu einer kleinen, vogelkundlichen Wanderung durch das Gebiet auf – Fernglas nicht vergessen!

BUND-Umwelthaus Neustädter Bucht
Am Strande 9
23730 Neustadt
T. 04561 50 565
www.bund-sh.de/der-bund-sh/der-bund-vor-ort/umwelthaus-neustaedter-bucht

16 Entdecken
Neustadt

Eisen-Design für den Garten

Falls Sie noch etwas Dekoratives aus Edelrost-Design oder pulverbeschichtet für Balkon, Haus und Garten benötigen, könnten Sie bei Manuferrum fündig werden. Dort gibt es individuelle und handgemachte Werkstücke wie zum Beispiel Pyramiden oder Säulen, verziert mit Sternen, Gräsern, Blumenranken oder versehen mit Schriftzügen, wie Ahoi, Moin, Willkommen, Home oder anderen. Nach unten sind die Ausstellungsstücke offen und können so von Innen beleuchtet werden. Darüber hinaus gibt es auch Feuerkörbe, Blumenschalen, und -kästen, sowie Windlichter und Gartenstecker mit Pferde-, Kuh-, Schaf- oder Elfen-Silhouetten.

Manuferrum Garten & Design
Priesterkoppel 1
23730 Neustadt
T. 01525 71 66 831
www.manuferrum.com
Mo-Do 9-15 Uhr, Fr-Sa nur nach Vereinbarung

17 Entdecken
Neustadt

Größter privater Yachthafen der Ostsee

Einen Abstecher zum größten privaten Yachthafen an der Ostsee, der Fünf-Sterne ancora Marina, sollte man sich einmal gönnen. Hier kann man dem quirligen Treiben in einem Sport- und Yachtboothafen zusehen und den Ostsee-Ausblick genießen. Nächtigen kann man in diversen Drei- und Fünf-Sterne-Appartements, darunter auch schwimmende, oder im Hotel Arborea Marina Resort mit noblen Zimmern, zur Hälfte mit Balkon oder Dachterrasse. Zudem gibt es ein umfangreiches Wellness-Angebot und zwei Restaurants, das „Deli' Cara" und „Kutter Kitchen", in der Fisch, Fleisch und Gemüse am offenen Feuergrill zubereitet werden.

ancora Marina
An der Wiek 7-15
23730 Neustadt
T. 04561 51 710
www.ancora-marina.de
www.arborea-resorts.com

18 Erleben
Sierksdorf

Attraktionen im Hansa-Park

Hier können Sie getrost einen ganzen Tag einplanen oder auch mehrere. Es gibt nahegelegene Übernachtungsmöglichkeiten im „Hansa-Park Resort am Meer". Der beliebte und weit über die Region bekannte Erlebnispark blickt auf eine lange Tradition zurück. 1977 wurde ein Park eröffnet, der seit 1987 unter dem Namen Hansa-Park firmiert und der seither stets aktualisiert, erneuert und verbessert wird. Fast jährlich kommen bedeutsame neue Attraktionen hinzu wie beispielsweise der Highlander, der höchste Freifallturm der Welt mit abkippbaren Sitzen. Da kann man schon einmal Fallgeschwindigkeiten bis 120 km/h erreichen. Zahlreiche weitere Attraktionen lassen die Herzen der Kinder jeden Alters und damit auch das der Eltern höher schlagen. Neben Achterbahnen, Wasserbahnen und Freifalltürmen gibt es diverse

weitere Fahrattraktionen, aber auch Mitmach-Möglichkeiten, wie Bärenhöhle, Hüpf-Haus, Schwimm-Wackelbrücke, Indoor-Spielewelt, Taucherglocke und Shows. Für das leibliche Wohl sorgen der Brezelshop, die Waffelstube, die Mandelkutsche, der Western-Salon „Last Chance", das Familienrestaurant „Weltumsegler" und weitere gastronomische Einrichtungen.

Hansa-Park
Am Fahrenkroog 1
23730 Sierksdorf
T. 04563 47 40
www.hansapark.de
Ende März bis Oktober 10-18 Uhr, Mitte Oktober bis Anfang November Herbstzauber am Meer 11-21 Uhr.

19 Entdecken
Sierksdorf

Sieben Kilometer Kunst

Der Sierksdorfer Farbraum ist ein Kunstpfad der über 15 Stationen und damit 15 Kunstwerken durch Sierksdorf führt und interessante, mit der Ostsee verbundene Künstler vorstellt. An den Stationen sehen Sie die jeweiligen Bilder und können sich über den QR-Code Audio-Informationen zu den Objekten und ihren Schöpfern abrufen, ebenso wie auf der Webseite. Insgesamt sind Werke von neun Künstlerinnen und Künstlern auf dem Pfad, der beim Haus des Gastes in Sierksdorf startet und über sieben Kilometer geht. Neben Karl Schmidt-Rottluff, einem der wichtigsten Vertreter des Expressionismus, finden wir auch Werke von Roswitha Fey, Eric Pohl-Cammin, Günter Machemehl, Christa Wächtler, Bernhard Stellmacher, Sonja Knoop, Klaus Mengede und Hans Möller.

Kunstpfad
www.farbraum-sierksdorf.de

20 Genießen
Sierksdorf

Gut Wohnen und Speisen auf Hof Sierksdorf

Die Lage ist natürlich grandios, lediglich die Promenade trennt die Sommerterrasse des Hof Sierksdorf vom Gestade der Ostsee. Entsprechend herrlich ist der Blick von den Balkonen der 18 Ferienappartements, die fast alle den Blick aufs Meer bieten. Begonnen hatte es bereits 1938 als das Anwesen in Familienbesitz gelangte. Zunächst wurde eine kleine Gaststube betrieben, später auch Ferienwohnungen vermietet. Die umfangreiche Renovierung durch die Familie Bauer erfolgte 2005/2006. Heute gibt es neben den Ferienwohnungen, die man auch mit Frühstück buchen kann, auch ein familien- und kinderfreundliches Restaurant, das eine gutbürgerliche Holsteinische Küche anbietet. Klassiker sind der Fischteller sowie weitere Fischspezialitäten. Die nachmittäglichen Kuchen und Torten werden zum Teil nach alten Familienrezepten von Oma Bauer hergestellt, so heißt es.

Hof Sierksdorf
Am Strande 32
23730 Sierksdorf
T. 04563 88 84
www.hofsierksdorf.de

21 Erleben
Sierksdorf, Scharbeutz, Neustadt, Travemünde

Nordic Walking in der Lübecker Bucht

Über die gesundheitlich positiven Effekte des Nordic Walking brauchen wir uns hier nicht weiter auszulassen, aber vielleicht der Hinweis, dass es in der Lübecker Bucht vielerlei Möglichkeiten gibt, diesem Sport zu frönen. Beginnen wir in Sierksdorf, wo es eine gut ausgeschilderte 3,8 km lange Strecke gibt, die mit einer Infotafel am Haus des Gastes startet und endet. Drei verschiedene Touren von 5,7 bis 14,1 km werden in Neustadt, Pelzerhaken und Rettin angeboten. In Scharbeutz gibt es Strecken von 3,3 bis 6,6 km, die bis ins Binnenland zu den Pönitzer Seen führen und in Travemünde sind es drei Touren. Informationen, auch zu geführten Touren, gibt es bei den lokalen Tourist-Informationen und bei der Tourismus-Agentur Lübecker Bucht.

Nordic Walking
Infos: Tourismus-Agentur Lübecker Bucht
Strandallee 134
23683 Scharbeutz
T. 04503 77 94 100
www.luebecker-bucht-ostsee.de

22 Erleben
Sierksdorf

Maritimer Lehrpfad am Ostseeufer

Seit dem Jahr 2015 gibt es in Sierksdorf einen Maritimen Lehrpfad, der beginnend am Ortsausgang von Haffkrug entlang der Ostseepromenade mit kleinen Abstechern über etwa fünf km bis zur Pfingstbeek-Promenade führt. An 15 Stationen sind Anschauungsobjekte und Informationstafeln vorhanden, auf denen erläuternde Texte und QR-Codes über die jeweiligen maritimen Themen informieren. Einige der Themen sind: Fahrwassertonnensyteme, Buhnenbau, Anker, Fanggeräte der Fischer, Seevögel und Sturmfluten. Die verheerendste Sturmflut war die von 1872, bei der alle Häuser in Sierksdorf beschädigt und zum Teil vernichtet wurden. Auch über die wichtigen lebensrettenden Aktivitäten der Deutschen Gesellschaft zur Rettung Schiffbrüchiger (DGzRS) und die Deutsche Lebensrettungsgesellschaft (DLRG) wird berichtet.

Maritimer Infopfad
www.sierksdorf.de/maritimer-infopfad.html
www.luebecker-bucht-ostsee.de

23 Entdecken
Süsel

Kirche aus der Zeit der Missionierung

Die St.-Laurentius-Kirche in Süsel gehört, wie auch die Kirchen in Bosau, Ratekau und Bornhöved, zu den sogenannten Vicelinkirchen, die eine wichtige Rolle bei der Missionierung der Region spielten. Die einschiffige Feldsteinkirche wurde 1158 im spätromanischen Stil errichtet. Der ursprünglich runde Turm wurde später eckig überbaut. Zur Innenausstattung gehören ein aus einem Granitfindling gehauener Taufstein, ein Messingleuchter von 1650, ein gotisches Triumphkreuz aus dem 13. Jahrhundert und ein Vortragekreuz aus Silberblech aus der Zeit um 1330/1340.

St.-Laurentius-Kirche
An der Kirche 4
23701 Süsel
T. 04524 372 (Kirchenbüro)
www.kirchengemeinde-suesel.de
tgl. 9-17 Uhr

24 Erleben
Süsel

Übers Wasser brettern

Wer sich schon immer mal im Wasserski oder im Wakeboarden versuchen wollte, hat im nahe der Ostseeküste gelegenen Süsel die Gelegenheit dazu. Es gibt drei Bahnen, auf denen Anfänger ihre ersten Versuche mit der Wasserski-Seilbahn machen können, um per Brett über das Wasser zu gleiten, Kurven zu fahren und erste Sprünge zu absolvieren. Für die Profis und Fortgeschrittenen gibt es interessante Fahr- und Funpark-Parcoure. Auch Übernachtungen direkt in Seenähe können ebenso gebucht werden wie Grillplätze. Es gibt einen Spielplatz, eine grüne Liegewiese und ein Café. Volleyball und Streetball spielen ist ebenfalls möglich.

Seepark Süsel
Süseler Moor 2
23701 Süsel
T. 04524 17 77
www.suesel-seeparx.de
Öffnungszeiten s. Homepage

25 **Genießen**
Haffkrug

Die Torten-Versuchung

Im Café-Häuschen Kaffee & Kuchen gibt es nicht nur Kaffee- und Teespezialitäten, sondern vor allem eine erlesene Auswahl an Kuchen und Torten, die aus Rezepten der vergangenen vier Generationen zusammengestellt wurde. Man sitzt entweder gemütlich im hellen, freundlich eingerichteten Innern des Cafés oder auf der Sonnenterrasse mit Blick auf das Promenadengeschehen und die Ostsee. Die angebotenen Leckereien kommen aus der eigenen Backstube. Probieren Sie doch mal die Buttermilchtorte mit Pfirsich, die Blaubeer-Joghurttorte oder die Himbeertorte mit Vanillepudding!

Café-Häuschen
Strandallee 17
23683 Haffkrug
T. 0170 77 62 071
www.cafe-häuschen.de
tgl. 11-17 Uhr, Di, Mi Ruhetage

26 **Entdecken**
Haffkrug

Wie kommt der Fisch auf den Teller?
Wenn beim Gang entlang der Ostsee-Promenade in Haffkrug plötzlich Fischersilhouetten aus Stahl, Beton-Krabben, Beton-Flunder oder Fische aus Metall Ihren Weg säumen, befinden Sie sich auf dem Fischerei-Lehrpfad des Ortes. Der 2018 grundlegend neu gestaltete und erweiterte Info-Pfad bietet an sechs Stationen reichlich Informationen zur Bedeutung der Fischerei in früheren Zeiten und heute. Es wird über die Fischarten und Fangmethoden berichtet. Anhand der Modelle, dem Audio-Guide und der interaktiven Info-Tafel wird die Geschichte vom Fischerdorf zum Seebad eindrucksvoll dargestellt. Es werden auch Führungen über den Lehrpfad angeboten, zum Teil mit anschließender Räucherfisch Degustation am Räucherofen.

Fischerei-Erkundungspfad
www.luebecker-bucht-ostsee.de/fischerei-erkundungspfad

27 Genießen
Haffkrug

Fischgenuss mit Ostseeblick

Schön und zentral mit Ostseeblick und nahe der Seebrücke liegt das reetgedeckte Anwesen des Restaurants Ocean's und dem Bistro Lütt Köök. Die ehemalige Fischhalle, bekannt unter dem Namen De ole Fischschuppen wurde nach ihrem Bau 1921 (eventuell schon 1904) das Herzstück des damaligen kleinen Fischerortes Haffkrug. Mit dem Wandel vom Fischerort zum Badeort wurde aus dem Fischlager und späteren Obst- und Gemüsegeschäft bereits ab 1977/78 eine gastronomische Einrichtung. Glücklich kann sich derjenige schätzen, der heute während der Saison an einem schönen Sommertag ein Plätzchen auf der Terrasse zu ergattern vermag und dort seinen Lachs, Hering, Seelachs, Dorsch oder Garnelengericht verspeisen kann. Es gibt natürlich auch andere Gerichte und die täglich wechselnden hausgemachten Kuchen und Torten sind ebenso wie die Pfannkuchen, der Milchreis und die Rote Grütze nicht zu verachten. Das umfängliche Weinangebot dürfte auch anspruchsvolle Weinkenner zufrieden stellen.

Restaurant Ocean's
Ole Fischschuppen GmbH
Strandallee 2b
23683 Haffkrug
T. 04563 13 57
www.oceans-restaurant.com
tgl. ab 9.30 Uhr

28 Erleben
Scharbeutz

Skaten mit Ostseeblick

Der Promenadenweg führt direkt an der 2019 eröffneten erneuerten Skateranlage in Scharbeutz vorbei und man kann den Sportlern bei ihren spektakulären Fahrten und Sprüngen zusehen. Die Nutzer der Anlage wurden frühzeitig in die Planungen einbezogen und so erstreckt sich heute am Gestade der Ostsee eine der schönsten und größten ihrer Art in Norddeutschland. Die etwa 1.000 m² große Anlage, die sich mit organischen Formen interessant in die nahe Dünenlandschaft einschmiegt, ist für BMX-Fahrer, Roller- und Scooterfahrer, Inlineskater, Mountainbiker und Skateboarder gleichermaßen geeignet. Bis zu 14 Personen können gleichzeitig auf der Anlage sein, von der aus die Aktiven einen schönen Blick auf die Ostsee haben und auch mal ein kleines Bad im Meer einschieben können.

Skatepark
Strandallee/Pönitzer Chaussee
23683 Scharbeutz
T. 04503 77 090
www.gemeinde-scharbeutz.de/Freizeit-und-kultur/Skatepark.htm

29 Erleben
Scharbeutz

Abenteuer-Golf am Strand oder im Park

Möglichkeiten, eine ruhige Kugel zu schieben, gibt es in Scharbeutz genügend. Neben dem Golfplatz des hiesigen Golfclubs, der etwas im Binnenland gelegen ist, existieren zwei Plätze, wo man auf die Schnelle eine kleine Runde drehen kann. Direkt am Strand liegt der Dünengolfplatz, wo es mit richtigen Golfschlägern über allerlei Hindernisse geht, und am Kurpark befindet sich die Parkgolf-Anlage mit 12 Bahnen. Es handelt sich um Adventure-Golfplätze, wo die Bahnen mit Kunstrasen ausgelegt und Bunker, Wassergräben und andere Unwägbarkeiten zu überwinden sind.

Dünengolf
Strandallee/Pönitzer Chaussee
Parkgolf-Anlage
Am Kurpark
23683 Scharbeutz
T. 0172 4298182 u. 0172 42 98 184
www.gemeinde-scharbeutz.de
April bis Oktober ab 10 Uhr (übrige Öffnungszeiten s. Homepage)

30 Erleben
Scharbeutz

Kirche mit Blick aufs Meer

Herrlich direkt an der Ostsee liegt die Strandkirche. Lediglich die Uferpromenade trennt das 1956 fertiggestellte evangelische Gotteshaus vom Ostseestrand. Im April 1957 wurde die erste Konfirmation in der neuen Kirche gefeiert. Der Bau gestaltete sich allerdings schwierig und musste im moorigen Untergrund aufwändig vorbereitet werden. Es wurden 20 Betonbrunnen 3,5 m tief bis auf festen Grund versenkt und darauf kamen fünf Gelenkträger aus Stahlbeton. Aus gelben Backsteinen wurde das 17,5 m lange und 10 m breite Kirchenschiff und der 20 m hohe Turm darauf errichtet. Vom Altar hat man bei geöffneten Kirchentüren den Blick aufs Meer und bisweilen wird das Vorfeld in den Gottesdienst mit einbezogen. Ur-

sprünglich gehörte Scharbeutz zur Kirchengemeinde Gleschendorf, das etwa 13 km landeinwärts liegt. Dort steht eine eindrucksvolle Feldsteinkirche aus dem 13. Jahrhundert mit sehenswerten Malereien des Künstlers Dieter Wien. Das wäre auch einmal einen Ausflug wert.

Strandkirche Scharbeutz
Strandallee 111
23683 Scharbeutz
T. 04503 72 152
www.kirchengemeinde-scharbeutz.de
Tagsüber zur persönlichen Einkehr geöffnet

31 Entdecken
Scharbeutz

Direkt an der Strandpromenade

Großes Angebot an Zeitschriften. Kleiner Laden, in dem Sie auch Bücher für den Strand finden.

Buchladen Christian Kurth
Strandallee 129
23683 Scharbeutz
T. 04503 7 33 00

32 Genießen
Scharbeutz

Kulinarischer Genuss in Ostseenähe

Die Hamptons sind ein reizvolles Naherholungsgebiet auf Long Island in den USA, das besonders bei den reichen New Yorkern beliebt ist. Die Lage des reetgedeckten Restaurants palmengesäumt zwischen Strand und Promenade in Scharbeutz mag ähnlich sein, auch mit dem Speisen-Angebot, wie Fish & Chips, Hamptons Beef Burger, Spareribs oder Ribeye-Steaks. Es gibt aber auch Sushi und andere Köstlichkeiten sowie eine große Weinauswahl. Und wer auf den Geschmack gekommen ist, kann sich einige ausgewählte Weine und Raritäten, aber auch Gutscheine und Geschenkartikel aus dem online-Shop nachliefern lassen. Man kann zwischen drei Lokalitäten wählen. Neben dem Restaurant gibt es den Wintergarten und die Außenterrasse, aber auch

Strandkörbe und Strandbetten befinden sich im Angebot.

Hamptons Scharbeutz
Restaurant, Café, Strandbar
Strandallee 142 b
23683 Scharbeutz
T. 04503 66 66
www.hamptons-scharbeutz.de
Mi u. Do 17-22.30 Uhr, Fr-So 12-22.30 Uhr, Mo, Di Ruhetage

33 Erleben
Scharbeutz

Wie die Eichhörnchen durch den Wald

Seit rund zehn Jahren gibt es den Waldhochseilgarten im Scharbeutzer Kammerwald, der nahe der Ostseetherme gelegen ist. Drei unterschiedliche Parcours bieten Klettermöglichkeiten für Anfänger und Fortgeschrittene. Parcours 1 ist auch für Kletterer mit geistigem und körperlichem Handicap geeignet und wird von entsprechend geschultem Personal betreut. Man kann den jeweiligen Parcours allein, im Team oder als Familie bewältigen und durchs Geäst klettern, hangeln, schwingen, balancieren und springen. Es erwarten die Kletterer einige Schwierigkeiten wie Kletterwände, Wackelbrücken, Baumstämme, Netze, Wippen, Seilbahnen und Vieles mehr. Ein Erlebnis, das dem Teamgeist, dem Mut, der Geschicklichkeit, der Sportlichkeit und dem Selbstvertrauen förderlich ist.

Waldhochseilgarten Scharbeutz
Kammerwald
23683 Scharbeutz
T. 0152 55 18 75 22 (Buchungen) u. 0176 30 35 12 09 (Büro)
www.waldhochseilgarten-scharbeutz.de

34 Erleben und Genießen

Scharbeutz

Wohltemperiertes Badeerlebnis

Bisweilen kann es an der Ostsee auch einmal ungemütlich und regnerisch sein und das winterliche Meerbad ist nicht jedermanns Sache. Da bietet sich dann ein Besuch der Ostsee-Therme mit angenehmen Wassertemperaturen und einem umfangreichen Unterhaltungs-, Fitness- und Wellnessangebot an. Auf 14.000 m² gibt es eine Wassererlebniswelt mit unterschiedlichen Innen- und Außenbecken, Wildwasserkreisel, Hot-Whirl Pool, Fontänen, Strömungsanlagen, Wasserrutschen und vielem mehr. In der Saunalandschaft kann man sich auf drei Etagen mit Panoramadachterrasse, direktem Strandzugang und Ruheoasen entspannen. Auch der Wellnessbereich und das Sportstudio für die körperliche Fitness sind einen Besuch wert. Genießen Sie das tropische Ambiente und wagen einmal eine kleine Tour durch die 145 m lange Wasserrutsche „Green Mamba“ oder die 59 m lange Erlebnisrutsche „Red Devil“ – mit einem Gefälle von 42 Prozent!

Ostsee Therme

Strandallee 143
23683 Scharbeutz
T. 04503 35 260
www.ostsee-therme.de
So-Do 10-22 Uhr, Fr-Sa 10-23 Uhr

35 Entdecken
Pönitz

Geschichte der Seebäder

Wer etwas Ruhe und Abwechslung vom hektischen Strandleben sucht, kann sich ins Gebiet der Pönitzer Seen zurückziehen. Wandern, Radfahren und Joggen ist möglich und im Großen Pönitzer See kann man im salzfreien Wasser baden. Kombinieren kann man den Abstecher mit einem Besuch des Museums für Regionalgeschichte. Es finden sich dort regionale Ausstellungsstücke beginnend mit der Steinzeit und den frühen Bauernkulturen der Bronze- und Eisenzeit, der Slawenzeit und der Epoche der Dorfentwicklungen bis hin zur Geschichte der Seebäder in der Kriegs- und Nachkriegszeit. In der historischen Bibliothek und in dem Archiv kann man alte Schriften zur Heimatkunde, Jahrbücher, geschichtliche und volkskundliche Bücher lesen und zum Teil auch ausleihen. Es ist ein Kulturzentrum und Veranstaltungsraum für die gesamte Großgemeinde Scharbeutz.

Museum für Regionalgeschichte
Lindenstraße 23
23684 Pönitz
museum@museum-scharbeutz.de
(Verein f. Regionalgeschichte)
www.museum-scharbeutz.de
Di 15-18 Uhr; So 14-17 Uhr, im Sommer ev. erweiterte Öffnungszeiten

36 Erleben
Ahrensbök

Ein dunkles Kapitel deutscher Geschichte

Die im Jahre 2001 eingerichtete Gedenkstätte Ahrensbök ist zugleich Dokumentations- und Ausstellungsort, Bildungs- und Begegnungsstätte und außerschulischer Lernort. In dem Gebäude der Einrichtung wurde 1933 ein frühes KZ eingerichtet, das aber bald anderen Nutzungen weichen musste. Hier wird nun die Geschichte der NS-Diktatur von ihren Anfängen bis zum Ende in der Zeit von 1933 bis 1945 thematisiert. Es wird über das Leid und Leben der Zwangsarbeiter und der Juden in der Region berichtet und auch über den Todesmarsch, bei dem KZ-Häftlinge aus einem Nebenlager von Auschwitz nach Holstein geführt wurden. Der Marsch ging von Lübeck aus über Ahrensbök nach Neustadt, wo die wenigen, die nicht bereits auf dem Weg verstorben und umgebracht worden waren, auf dem Flüchtlingsschiff „Cap Arcona“ untergebracht wurden, das später durch Bombardierungen versenkt wurde. Fast alle Passagiere kamen zu Tode (s.

Tipp auf Seite 38). An verschiedenen Orten der Wegstrecke erinnern Stelen und Infotafeln an den schrecklichen Marsch in den letzten Tagen des Zweiten Weltkriegs.

Gedenkstätte Ahrensbök
Flachsröste 16
23623 Ahrensbök
T. 04525 49 30 60
www.gedenkstaetteahrensboek.de
Di-Fr 9-13 Uhr, So 14-16 Uhr

37 Genießen
Ahrensbök

Das Eis-Angebot vom Lande

Das Bauernhofeis der Familie Steffens ist das Highlight des Hofangebots. Es ist hausgemacht, mit der naturbelassenen Milch eines benachbarten Hofes aus Gleschendorf; bei dem Fruchteis kommen die Zutaten, sofern möglich, aus der Region. Neben über 20 ganzjährig verfügbaren Sorten gibt es etwa 20 sommerliche Sorten, von denen wir hier das scharfe Himbeer-Limetten-Chilli-Sorbet, das Mango Sorbet und das Vanille-Lavendel-Eis nennen. Im Winter gibt es dann weitere Köstlichkeiten wie Bratapfel-, Zimtsterne- oder Kastanien-Eis mit karamelisierten Nüssen. Im Hofladen kann man Milch, Eier, Joghurt, Honig, Liköre, Tees und regionales Bier und weitere Produkte erwerben und im Hof-Café gibt es neben Kaffee und Kuchen vor allem das leckere, selbstgemachte Bauernhof-Eis.

Hofladen und Hof-Café Steffens
Langendamm 3
23623 Ahrensbök
T. 04525 50 19 997
www.bauernhofeis-steffens.de
Hofladen: April bis September Mo-Sa 9-18 Uhr, So 12.30 -18 Uhr, Mi Ruhetag; Oktober bis März Mo, Do, Fr. 9-12 Uhr, 14-18 Uhr, Di 9-12 Uhr, Sa 9-15 Uhr, Mi, So Ruhetag
Hof-Café: März bis Anfang Oktober Sa, So 12.30-18 Uhr

38 Entdecken
Ahrensbök

Kirchturm mit Zwiebelhaube

Die 1328 erstmals erwähnte Kirche geht auf eine bereits 1280 dort errichtete Wallfahrtskapelle zurück. Der gotische Backsteinbau ruht auf einem Fundament aus Feldsteinen. Um 1400 erhält die Kirche den achteckigen Chor und 1761 den heutigen barocken Kirchturm. Von der Inneneinrichtung seien der Altar mit Kruzifix von 1680 und das an der Südwand befindliche 3 m hohe Kreuz aus gotländischem Kalkstein erwähnt. Die Kirche ist das einzige erhaltene Gebäude des ehemaligen Klosters Ahrensbök.

St.-Marienkirche
Wallrothstraße 7
23623 Ahrensbök
T. 04525 14 29 (Kirchenbüro)
www.kirche-ahrensboek.de
Mo-Fr 8-13.30 Uhr (Kernzeit)

39 Entdecken und Genießen
Schürsdorf

In ländlicher Atmosphäre

Man kann auch mal etwas abseits der Küste in einem Restaurant oder Landgasthof einkehren. Wir nennen hier beispielhaft den zur Großgemeinde von Scharbeutz gehörigen Ortsteil Schürsdorf, etwa 5 km entfernt von der Küstenlinie. Hier finden Sie den Landgasthof Brechtmann, wo man in ruhiger und gemütlicher ländlicher Atmosphäre speisen kann. Die Spezialität des Hauses sind Flugenten in allen Variationen, aber auch Fisch- und weitere Fleischgerichte wie beispielsweise Wild aus der Region sowie vegetarische Angebote sind auf der Karte. Im Restaurant und Café Butz nahe dem Dorfteich können Sie in familiärem Ambiente den Tag mit einem umfangreichen Frühstück à la Butz beginnen. Die Restaurantküche gibt sich saisonal, regional und frisch. Übernachten können Sie dort auch in einem der fünf Zimmer, in der Suite oder in einer der Ferienwohnungen.

Restaurant Brechtmann
Hackendohrredder 9
23684 Schürsdorf
T. 04524 99 52
www.brechtmann.de
Mi-So 11.30-14.30 u. 17.30-22.30 Uhr, Mo, Di Ruhetag

Restaurant, Café, Hotel Butz
Hackendohrredder 3
23684 Schürsdorf
T. 04524 20 09 988
www.butz-ostsee.de
tgl. Frühstück Mo-Do 7-10.30 Uhr, Fr 8-10.30, Sa, So 8-11, Restaurant Mo-Fr 8-21.30 Uhr, Sa u. So 8-22 Uhr

Timmendorfer Strand bis Travemünde

1 **Entdecken**
Timmendorfer Strand

Seepferdchen als Symbol

Seepferdchen sind ebenso niedliche wie beliebte Fische, denen man ihre Zugehörigkeit zu den Knochenfischen zunächst nicht ansieht. Sie gehören zur Gruppe der Seenadeln, bei denen man schon eher einen Fisch, wenn auch sehr langgestreckt und aalartig vermuten kann. Eine oft erwähnte Besonderheit der Seepferdchen ist, dass die Männchen die befruchteten Eier in einer dafür vorgesehenen Bauchtasche austragen und die Jungen zur Welt bringen. Da die Seepferdchen geeignete Sympathieträger sind, wurden sie von den Tourismus-Verantwortlichen bereits in den 1950er Jahren zum Wahrzeichen des Ortes auserkoren. Inzwischen etwas überarbeitet trifft man in Timmendorfer Strand vielerorts auf das Seepferdchen-Symbol. Lebend ist es im Sea Life Aquarium zu besichtigen und als Kunstwerk schwebt eine Seepferdchen-Bronzefiguren-Gruppe des Möllner Künstlers Karlheinz Goedtke seit 1982 über dem Brunnen des Kurparks.

Seepferdchen
www.timmendorfer-strand.de

2 **Erleben**
Timmendorfer Strand

Information und Ausstellung in der Trinkkurhalle

Neben der Tourist-Information im alten Rathaus am Timmendorfer Platz und denen in der Strandstraße und am Hafen in Niendorf gibt es eine weitere Informationsstelle für Besucher in der denkmalgeschützten Trinkkurhalle. Seit 1952 steht das runde Gebäude zwischen Strandpark und Seebrückenvorplatz. Hier gibt es nicht nur Informationen und Souvenirs, sondern auch wechselnde Ausstellungen zu künstlerischen, geschichtlichen und kulturellen Themen. Zum alljährlichen Highlight im Timmendorfer Veranstaltungskalender, der Aktion „Lichtermeer“, ist neben anderen Arealen des Ortes auch die Trinkkurhalle reich illuminiert. Die etwas erhoben im Strandpark stehende Halle ist dann in verschieden farbiges Licht getaucht.

Trinkkurhalle
www.timmendorfer-strand.de/service-kontakt/tourist-infos-team/trinkkurhalle

Entdecken
Timmendorfer Strand

Kur-Grünanlagen zur Kontemplation und Erholung

Ein richtiger Kurort hat auch einen Kurpark. Und Timmendorfer Strand hat neben weiteren Grünflächen sogar zwei davon, den Alten und den Neuen Kurpark. Der Neue Kurpark, der ehemalige Rosengarten, liegt zwischen Strandpromenade und Kurpromenade mit ausgedehnten Rasenflächen, Blumenbeeten und hoch gewachsenen, lichten Kiefern. Die runde, denkmalgeschützte Trinkkurhalle und der Seepferdchenbrunnen stehen inmitten der Parkanlage. Der Alte Kurpark, der 1930 von dem Gartenarchitekten Harry Maasz geschaffen wurde, liegt auf der anderen Seite der Kurpromenade und Strandallee etwas landeinwärts. Hier finden wir von Trauerweiden gesäumte Teichanlagen mit Seerosen und Springbrunnen, Bogenbrücken und alte Baumexemplare von Kastanien, Eichen, Ahorn und anderen, die von Wegen und Grünflächen gesäumt werden. Die Grünanlagen laden zum ruhigen Verweilen oder Spazierengehen ein, wenn man vom Strandleben und Wind und Sonne mal etwas Abwechslung benötigt.

Alter und Neuer Kurpark
www.ostsee.de/timmendorfer-strand/kurpark.html

Entdecken
Timmendorfer Strand

Ein gutes Buch für den Urlaubstag

Wie sagte einst der amerikanische Schriftsteller John Steinbeck: „Die Kultur eines Volkes ist meßbar. Man erkennt sie an der Dicke des Staubes auf den Bücherrücken in den öffentlichen Bibliotheken." Blasen wir also den Staub etwas herunter! Im Alten Rathaus am Timmendorfer Platz gegenüber dem Brunnen liegt die Bücherei der Gemeinde Timmendorfer Strand. Hier können Einheimische und Gäste sich Romane, Sach- und Kinderbücher, aber auch E-Books, Hörbücher, DVDs, Spiele und E-Papers ausleihen. Insgesamt steht ein Angebot von 12.500 Medien zur Verfügung. Darüber hinaus gibt es Vorlesestunden und andere Veranstaltungen. Da ist bestimmt das eine oder andere interessante Buch zu finden – und nicht nur für den Regentag, sondern auch für eine schöne Mußestunde am Strand oder im Park.

Gemeindebücherei Timmendorfer Strand
Timmendorfer Platz 10
23669 Timmendorfer Strand
T. 04503 35 77 33
www.timmendorfer-strand.org/leben-in-der-gemeinde/buecherei
Mo u. Do 14.30-18 Uhr, Mi 9-14 Uhr
Mitte April bis Mitte Oktober zusätzlich Di u. Fr 10-14 Uhr

Genießen
Timmendorfer Strand

Kaffee-Genuss mit Tradition

Das Café Wichtig (ehemals Café Engels Eck), das 1951 in Timmendorfer Strand eröffnet wurde, hat bereits viel Ortsgeschichte miterlebt und selbst geprägt. Bekannt als einer der Treffs der Gäste-Prominenz, kann man auch heute noch dem einen oder anderen Prominenten begegnen. Was nicht heißt, dass täglich Udo Lindenberg, Ireen Sheer, Otto Waalkes und Mike Krüger zu Besuch sind, aber die Chance, einen aus Presse, Funk, Fernsehen und Internet Bekannten zu sichten, besteht immerhin. Es geht also um sehen und gesehen werden, aber es gibt auch ein gutes kulinarisches Angebot mit üppigem Frühstück, einer frischen und regionalen Küche von Pizza und Burger bis zur umfangreichen Fischpfanne und eine hervorragende Auswahl an Kaffeespezialitäten und selbst gemachten Kuchen und Torten, die aus der gläsernen Bäckerei kommen. Und sollte es auf der Terrasse des Café Wichtig zu voll sein, gehen Sie einfach ein paar Meter weiter ins Café Fitz, wo es ebenfalls ein hervorragendes Angebot und einen ebenso guten Blick auf das Treiben in den Straßen und auf dem Platz gibt.

Café Wichtig
Timmendorfer Platz 3
23669 Timmendorfer Strand
T. 04503 20 58
www.cafewichtig.de
tgl. 8.30 bis open end

Konditorei Restaurant Caféhaus Fitz
Timmendorfer Platz 4-5
23669 Timmendorfer Strand
T. 04503 63 64
www.cafe-fitz.de
April bis Oktober 8 Uhr bis open end; November bis März 9 Uhr bis open end

Entdecken
Timmendorfer Strand

Lesen statt Liken

Mitten im Geschehen liegt in Timmendorf diese Buchhandlung. Aus den Cafés drumherum hat man einen guten Blick auf die Schaufenster. Scheuen Sie sich nicht rein zu gehen. Lassen Sie sich inspirieren von dem exquisiten Angebot. Auf kleinem Raum haben Krimis, Sachbücher, Regionales, Bildbände, Kochbücher, Literatur und vieles mehr Platz gefunden.

Buchhandlung Belletrist
Timmendorfer Platz 2
23669 Timmendorfer Strand
T. 04503 66 44
www.buchhandlung-belletrist.de
Mo-Sa 10-18 Uhr, 15. März bis 31. Oktober auch So 12-18 Uhr

7 Erleben
Timmendorfer Strand

Katzenhai, Knurrhahn und Kuhkofferfisch aus nächster Nähe erleben

Bereits seit 1996 entführt das Sea Life Aquarium die Besucher in die faszinierende Unterwasserwelt der Meere. Seewölfe, Rotfeuerfische, Clownfische und Haie sind ebenso zu bestaunen wie Ohrenquallen, riesige Meeresspinnen und Seeanemonen. So geht es durch die heimische Meereswelt von Nord- und Ostsee mit Seehase, Knurrhahn, Kabeljau und Einsiedlerkrebsen, durchs Hafenbecken, wo Aale, Rochen und Katzenhaie zu bestaunen sind und durch eine Felsengrotte mit Muränen und an einer Seegraswiese entlang, wo Feuerfische, Doktorfische und Seepferdchen geruhsam durchs Wasser schwimmen. Besondere Highlights sind das Rochenbecken und der Tropische Ozean, wo es in einem Panoramabecken und unter einem Unterwassertunnel hindurch geht und Grüne Meeresschildkröten, Rochen, Ammenhaie und Bambushaie aus der Nähe zu beobachten sind. Bei einem Abstecher in den Regenwald lernen die Besucher die Königsboa kennen, auch unter ihrem wissenschaftlichen Namen Boa constriktor geläufig, aber gleichsam die berüchtigten Piranhas. Besonders beliebt sind in der interessanten wie lehrreichen Ausstellung die regelmäßig stattfindenden Fütterungen.

Sea Life Timmendorfer Strand
Kurpromenade 5
23669 Timmendorfer Strand
T. 0731 14 61 15 335
www.visitsealife.com/timmendorfer-strand
tgl. ab 10 Uhr

8 Erleben
Timmendorfer Strand

Immer was los

Das Angebot an Veranstaltungen über das ganze Jahr ist beträchtlich in Timmendorfer Strand. Bekannt sind die Sportwettkämpfe am Strand mit Beach-Polo, Beach-Hockey und die Deutschen Meisterschaften im Beach-Volleyball. Hinzu kommen Strandkino, kulinarische Feste, Oster- und Weihnachtsveranstaltungen, Automobillistentreffen, Kunsthandwerkermärkte und Hafenfeste. Und natürlich Musikalisches: Strandkonzerte, Konzerte der Jazz Baltica und von Studierenden der Musikhochschule Lübeck sowie seit einigen Jahren die Groß-Veranstaltung Stars am Strand. Ursprünglich war es nur als Verlängerung der Beach-Volleyball-Meisterschaften gedacht, aber es hat sich inzwischen zu einem der Highlights im Timmendorfer Veranstaltungskalender entwickelt. Mittlerweile haben bereits diverse Top-Acts ihre musikalischen Künste auf dem Timmendorfer Strand zum Besten gegeben.

Timmendorfer Veranstaltungskalender
www.timmendorfer-strand.de/veranstaltungen

9 Entdecken
Timmendorfer Strand

Kunst unter freiem Himmel

Entlang der Kurpromenade in Timmendorfer Strand kommen Kunstfreunde mit dem sogenannten Kunstkilometer voll auf ihre Kosten. Alle paar hundert Meter stößt man seit 2009 beim Flanieren auf ein weiteres Kunstwerk am Wegesrand. Da gibt es beispielsweise die „Badende“ oder „Fünf Seepferdchen“ im Kurparkbrunnen von Karlheinz Goedtke, „Frau mit Hund“ am Brunnen von Chris-

tiane Guth, Himmelsstürmer“ von Mirko Siakkou-Flodin, „Opa mit Kind“, Giraffengans Serafina“ und „Zebra“ von Sven Backstein oder auch die Skulptur „Moai Maea“, deren Erschaffer bislang unbekannt ist. Ziemlich am Ende in Richtung Scharbeutz steht „Udo Lindenberg“ von Dieter Portugall am Strand. Die massive Eisenplatte aus Schiffsstahl zeigt den Panikrocker als Scherenschnitt ausgeschnitten und seitenverkehrt dem Ausschnitt gegenüber gestellt. Es erinnert an den Erfolgssong „Hinterm Horizont“, den Lindenberg 1986 während eines Aufenthalts in Timmendorfer Strand schrieb, wo er ohnehin immer wieder mal gern gesehener Gast ist.

Kunstkilometer
www.sh-kunst.de/werke/kreis-ostholstein

10 Entdecken
Timmendorfer Strand

Der mehrfach begabte Rocksänger kann auch malen

Die Walentowski-Galerien blicken auf eine über 50-jährige Tradition zurück und vertreten viele malende Promis wie Helge Schneider, Otto Waalkes, Frank Zander, Armin Mühler-Stahl und andere. Seit 2005 besteht eine erfolgreiche Zusammenarbeit mit dem Panik-Rocker Udo Lindenberg. Es gibt hierzu eigene Udo Lindenberg & more Galerien, zunächst auf Sylt und in Hamburg, aber seit 2018 auch in Timmendorfer Strand, dem Udo Lindenberg ohnehin in vielfältiger Weise verbunden ist. Besuchen Sie also einmal die Galerie, beschäftigen sich mit zeitgenössischer Kunst und der von dem Künstler Lindenberg – auch wenn Sie vielleicht nicht unbedingt sofort in einen originalen Lindenberg investieren wollen.

Udo Lindenberg & more
Walentowski Galerien
Strandallee 85
23669 Timmendorfer Strand
T. 04503 70 40 41
www.walentowski-galerien.de/galerien/timmendorf
Mo-Sa 10-18 Uhr, So 12-18 Uhr
(März bis Oktober)

11 Erleben
Timmendorfer Strand

Auf Eis und Asche

Das Eissport- und Tenniszentrum des Ortes bietet nicht nur Hallen- und Ascheplätze für das sommerliche Tennistraining, sondern auch winterliches Schlittschuhlaufen in einer der wenigen Eissporthallen Schleswig-Holsteins, das auch Eishockeyfreunde anlockt.

Eissport- und Tenniszentrum Timmendorfer Strand (ETC)
Am Kurpark
23669 Timmendorfer Strand
T. 04503 70 48 500
www.etc-timmendorferstrand.de

12 Genießen
Timmendorfer Strand

Wo Gemütlichkeit und Wohligkeit großgeschrieben werden

Das Cozy Hotel liegt ebenso ruhig am Alten Kurpark wie zentral nahe Strand und Promenade. Bis 2021 war es das barefoot von Schauspieler Til Schweiger. Der Hotelstil hat sich nicht wesentlich geändert, aber die Gemütlichkeit ist, wie es der Name schon sagt, in den Vordergrund gerückt. 55 individuelle Zimmer und Suiten werden angeboten und zusätzlich im The Cozy Loft nochmals 21 Übernachtungsmöglichkeiten sowie drei exklusive Lofts. Alle Räume sind hell

und gemütlich und mit modernem Komfort ausgestattet. Von 15 bis 20 m² geht es bis zu 75 m² Wohnfläche (für 5 Personen), wo dann neben Balkon, eigener Küche, Minibar, Deluxe-Badewannen auch eine Zimmersauna und eine Schaukelbank dazugehören können.
Im Restaurant The Cozy Kitchen, steht auf der kleinen, aber ausgewählten Karte die sogenannte norddeutsche Heimatküche im Mittelpunkt.

The Cozy Hotel
Schmilinskystraße 2
23669 Timmendorfer Strand
T. 04503 76 09 10 00
www.thecozy-hotel.de
The Cozy Kitchen Do-Di 17-21.30 Uhr

13 Genießen
Timmendorfer Strand

Gemütlich Speisen unter Reet

Das Restaurant im Reethaus nahe der Uferpromenade befindet sich im ersten und damit ältesten Haus des Ortes. Es stammt aus dem Jahr 1865, was im Namen des Cafés und Restaurants Erwähnung findet. Hier bekommen Sie vorzügliche Fischgerichte wie Dorade und Zander sowie Fleisch von höchster Qualität, das auf den Punkt genau zubereitet wird. Die Klassiker sind das Rumpsteak, der 1865 Burger und das Original Wiener Schnitzel.

Anno 1865 im Reethaus
Wohldstraße 25
23669 Timmendorfer Strand
T. 04503 88 87 90
www.anno1865.de
Mo-So 17-22 Uhr, Di Ruhetag

14 Erleben
Timmendorfer Strand

Piraten-Golf an der Seepromenade

Die Minigolf-Anlage der Familie Schütz besteht seit 1961 in Timmendorfer Strand und wurde über die Generationen weitergegeben. Vor einigen Jahren wurde die Anlage neu gestaltet, läuft nun unter der Bezeichnung Adventuregolf und kommt mit vielen gestalterischen, liebevollen Details im Piratenlook daher. Die Kunstrasen-Bahnen und Wege sind geschwungen und bewegen sich auch in der dritten Dimension auf und ab. Nahe der Seepromenade gelegen lässt sich hier schnell mal eine abwechslungsreiche kleine 18-Loch-Tour bestreiten. Und danach kann man sich auf die Radtour entlang der Ostseeküste begeben, denn ein Fahrradverleih ist dem Ganzen auch angeschlossen.

Strandgolfer
Adventuregolf & Fahrradverleih
Strandallee 135-137
23669 Timmendorfer Strand
T. 0172 64 20 080
www.strandgolfer.de
tgl. in der Saison ab 9:30 Uhr

15 Entdecken

Timmendorfer Strand

Entdeckungsreise in die Welt Asiens

Da kommt mitten in Timmendorfer Strand echtes Asia-Feeling auf. Auf der Seebrücke funkelt das anheimelnde Mikado-Teehaus mit dem Restaurant Wolkenlos und dem weißen Pagodendach in der Sonne und unweit am Ufer steht das kleine reetgedeckte Häuschen mit einer ebenso ungewöhnlichen wie interessanten Buchauswahl, umgeben von einem asiatischen Garten mit Torbogen, Wasserbecken, Pflanzungen und zahlreichen Skulpturen und Kunstwerken. Die Buddhas, Gemälde und Skulpturen kann man hier, wie auch über die Mikado-Website, erwerben. Es gibt neben der Mikado-Zentrale in Hamburg auch eine weitere Galerie in Berlin. Lassen Sie sich von der Buchauswahl, dem Ambiente, den Skulpturen und der asiatischen Philosophie inspirieren! Wie sagt Jürgen Hunke, Initiator, Betreiber und Förderer der Mikado-Initiative, der der Meinung ist, wer den Buddhismus kenne, habe mehr vom Leben: „Gerade für Menschen, die in Hektik oder allein leben, ist Buddha ein guter Begleiter."

Mikado Garden Kunst und Buch
Strandallee 137
23669 Timmendorfer Strand
T. 04503 70 38 66
www.mikado-asiatica.de
Mo-Sa 10-19 Uhr
So 12-18 Uhr (im Sommer)

16 Erleben
Timmendorfer Strand/Niendorf

Sightseeing Touren mit der Bimmelbahn

Wenn eine gelb-schwarze Bimmelbahn in Timmendorfer Strand oder Niendorf plötzlich Ihren Weg kreuzt, ohne das Schienen vorhanden wären, dürfte es sich um die Bimmelbahn TIDO handeln, die Besucher durch die beiden genannten Orte transportiert. Es gibt vier Haltepunkte: in der Kurparkstraße und an der Seebrücke in Timmendorfer Strand, am Hafen in Niendorf und an der Niendorfer Seebrücke. Außerhalb der Haltestationen ist kein Aus- oder Zusteigen möglich. Die mehr als 35 Jahre alte historische Bimmelbahn kommt auf eine Geschwindigkeit von 25 km/h und während der Fahrt gibt es Informationen zur Geschichte und zu Besonderheiten. Sonderfahrten sind auch außerhalb der Saison möglich.

Ostsee Bimmelbahnen u. Ausflugsfahrten
Stolper Straße 28d
23617 Stockelsdorf
T. 0160 58 31 971 (Bahntelefon, nur im Notfall zu erreichen)
www.ostsee-bimmelbahnen.de
April bis Oktober

17 Entdecken
Niendorf

Maritime Hafen-Impressionen an der Mündung der Aalbeek

Touristisches Zentrum in Niendorf ist der kleine Hafen, der 1920 bis 1922 an der Mündung der Aalbeek geschaffen wurde. Zu Konflikten zwischen den Fischern und dem zunehmenden Badetourismus war es bisweilen gekommen, da die Fischer vorher ihre Boote und den Fang am Strand anlandeten und bearbeiteten und auch die geruchsbelästigende Trocknung der Netze vornahmen. Allerdings ist der Fischereihafen inzwischen auch wieder deutlich touristisch geprägt. Umgekehrt profitieren die Besucher davon, dass es immer noch richtige Fischer, Boote und Fanganlandungen gibt. Das gefällt den Touristen, wenngleich die Blütezeit der Fischerei in Niendorf mit 140 Fischkuttern kurz nach dem Zweiten Weltkrieg schon länger vorüber ist. Es wird für die kleinen Fischer immer schwerer, über die Runden zu kommen. Heute wird der Hafen zunehmend geprägt durch die Sport- und Segelboote, die Ausflugsschiffe und die touristische Infrastruktur. Alles in allem ein schöner Ort, um das maritime Flair der Ostseeküste

in vollen Zügen genießen zu können.

Hafen Niendorf
www.timmendorfer-strand.de/service-kontakt/tourist-infos-team/hafeninfo-niendorf

18 Genießen
Niendorf

Der kurze Weg vom Fischerboot auf den Fischteller

Im Restaurant findet man sich von allerlei maritimen Gemälden umgeben. Noch besser ist der Blick von der verglasten Außenterrasse, die zum Niendorfer Hafen geht, und wo man dann gleich sehen kann, wie die Fische angeliefert werden. So landen Dorsch, Aal, Kutterscholle, Seezunge und Rotbarsch fangfrisch auf dem Teller. Natürlich gibt es auch Fischpfannen und Meeresfrüchte, aber auch Fleischgerichte und Vegetarisches befinden sich im Angebot. Dazu gibt es den passenden Wein oder Champagner. Der Fotogalerie können Sie dann entnehmen, welche Prominenten bereits in der Fischkiste gegessen haben.

Fischkiste
Strandstraße 56
23669 Niendorf
T. 04503 31 543
www.fischkiste.de
Mi-So 11.30-23 Uhr

19 Entdecken
Niendorf

Von Kranichen, Kormoranen und Kasuaren

Auf der anderen Seite der Bäderrandstraße (B 76) vom Niendorfer Hafen liegt, vorbei an einem Parkplatz, in der Niederung der Aalbeek der Vogelpark Niendorf. Einen Andenkondor, einen Sekretär, einen Kronen-Kranich, einen Nimmersatt oder einen Ara aus nächster Nähe bestaunen zu können, ist schon ein Erlebnis. Ungefähr 1.000 Vogel-Individuen aus rund 250 Arten tummeln sich auf dem 70.000 Quadratmeter großen, landschaftlich reizvollen Gelände. Neben einer der größten weltweiten Sammlungen lebender Eulen sind auch die überwiegende Zahl der Kranich- und Storcharten der Welt in dem Tierpark vertreten, darunter natürlich auch der heimische Weiß- und Schwarzstorch sowie der Europäische Kranich. Besonders interessant sind die Fütterungen der Vögel. Auch dem Terrassen-Café und dem Shop sollte man seine Aufwartung machen.

Vogelpark Niendorf
An der Aalbeek
23669 Timmendorfer Strand
T. 04503 47 40
www.vogelpark-niendorf.de
Sommer tgl. 9-19.30 Uhr; Winter 10-16 Uhr

20 Genießen
Niendorf

Ahoi Filterkaffee, Espresso und Cappuccino

Mit einer guten Tasse Kaffee, vielleicht noch verziert mit gemalter Milch, der sogenannten Latte-Art, am Niendorfer Hafen sitzen und den Blick auf das maritime Treiben richten – was will man mehr? Der Kaffee der Ahoi Kaffeerösterei ist stets frisch und wird handgeröstet in einem kleinen Trommelröster. Es gibt die Sorten Herr Kapitän, Hafenmeister und Fofteín, plattdeutsch für fünfzehn, was sich auf eine kleine fünfzehnminütige Pause bezieht. Die importierten Rohkaffees sind Bio und Fairtrade und es gibt sie auch verpackt zum Mitnehmen für die häusliche Zubereitung. Ein weiterer Ahoi-Standort befindet sich im Zentrum von Haffkrug an der Promenade und online kann man den Kaffee frisch geröstet auch ordern – natürlich nur als ganze Bohne.

Ahoi Kaffeerösterei
Im Hafen 2
23669 Niendorf
www.ahoikaffee.de
Mo-So 10-17 Uhr

21 Entdecken
Niendorf

Eines der ältesten Handwerke des Menschen

Der Töpfereibetrieb besteht seit Generationen und wird heute von Johanna Ohrtmann und Ulrich Elberding in einem kleinen Haus am Niendorfer Hafen betrieben. Hier können Sie den Handwerks-Künstlern direkt bei der Herstellung der Drehkeramik zusehen. Und die Gebrauchskeramik aus Steinzeug und Porzellanmasse, die bei etwa 1.300° C gebrannt wird, ist nicht nur schön, sondern auch Mikrowellen, Spülmaschinen und Backofen geeignet. Die Farbgebung der Tassen, Schalen, Vasen und Töpfe ist oft maritim in freundlichem Blau oder Türkis gehalten.

Niendorfer Hafentöpferei
Im Hafen 3
23669 Niendorf
T. 04503 70 39 35
www.hafentoepferei.de
tgl. 11-17 Uhr, außer Do u. Fr.

22 Genießen
Niendorf

Lounge-Ambiente direkt am Ostseestrand

Den Cocktail in der Hand, den noch warmen Sand unter den Füßen mit leichter Lounge-Musik, vermengt mit Meeresrauschen und Möwen-Geschrei im Ohr und die untergehende Sonne im Blick – so kann man in der Strandbar Riff beschaulich den Tag ausklingen lassen und in die Nacht hinübergleiten. Für die Cocktail-Freunde gibt es Caipirinha, Fluch der Ostsee, Sex on the Beach und weitere, aber auch einen guten Kaffee oder ein Gläschen Wein und kleinere Snacks sind zu bekommen sowie immer wieder mal Live-Musik, Open-Air-Kino oder andere Veranstaltungen.

Riff – die Strandbar
Am Freistrand beim Niendorfer Hafen
23669 Niendorf
T. 0171 95 41 598
www.riff-strandbar.de
Mai bis Oktober 13.30-22 Uhr

23 **Erleben**
Niendorf und Ostseeküste

Ostsee-Bootstouren

Ein kleiner Bootsausflug gehört zu einem Ostseeurlaub auf jeden Fall dazu. Vom Niendorfer Hafen aus können Sie mehrere Orte und Seebrücken der Ostseeküste anlaufen. Die Reederei Belis bietet beispielsweise Sonnenuntergangstouren entlang der Bäderküste an, aber auch individuelle Charterfahrten in die Lübecker Bucht für private und geschäftliche Feiern. Auch in Richtung mecklenburgische Küste und nach Travemünde geht es oder man macht eine kleine Ostseefahrt mit Blick auf das Brodtener Steilufer. Die Bäderschifffahrtsreederei Böttcher ist mit ihren 120 Jahren eine der ältesten Reedereien der Ostsee. Ihre drei Schiffe MS Holstentor I, MS Seelöwe und MS Nordlicht bedienen ein ähnliches Programm, aber haben auch Fahrten nach Fehmarn oder nach Wismar und Boltenhagen in Mecklenburg-Vorpommern im Angebot. Ebenfalls beliebt sind Sonder- und Charterfahrten, beispielsweise zur Travemünder Woche, zum Feuerwerk „Ostsee in Flammen" oder Abend- und Lichterfahrten.

Reederei Belis
Fischereihafen Niendorf
23669 Timmendorfer Strand
T. 0170 77 47 237 o. 04503 44 40
www.ostsee-rundfahrten.de

Böttcher Schifffahrt
Lübecker Straße 3
23669 Timmendorfer Strand
T. 0171 77 84 220
www.boettcher-schifffahrt.de

24 Erleben
Niendorf

Meerwasser überdacht

Selbst wenn es im Winter zu kühl für die Ostsee ist oder das Wetter überhaupt zu unwirtlich für ein Strandbad, braucht man auf die erfrischende Schwimm- und Tauchtour im Meerwasser nicht zu verzichten: Man macht sich auf ins Meerwasser Hallenbad des Ortes. Die Wassertemperatur liegt bei angenehmen 27 °C, was allenfalls für den Sportschwimmer etwas zu hoch sein dürfte. Neben Wassergymnastik werden für Nichtschwimmer Kurse und Prüfungen angeboten. Also vielleicht eine schöne Möglichkeit für Kinder das Schwimmen im Urlaub zu lernen, zumal viele Schulen keine Schwimmunterricht mehr anbieten können. Mit gültiger Ostseecard erhalten Feriengäste aus Timmendorfer Strand eine Ermäßigung von 30 Prozent, Gäste aus anderen Gemeinden erhalten immerhin noch 20 Prozent.

Meerwasser Hallenbad Niendorf
Strandstraße 133
23669 Niendorf
T. 04503 54 56
www.schwimmbad-niendorf.de
Mo 10-16 Uhr, Di, Mi, Fr. 10-18 Uhr, Do 11-20 Uhr, Sa 10-13 u. 14-18 Uhr, Frühschwimmen Mi u. Fr 7-8 Uhr

25 Entdecken
Niendorf

Von blumig und würzig bis frisch-maritim – Meerseifen

In dem hellen, freundlichen Seifen-Laden von Brigitte Damman ist ein umfangreiches Angebot an selbst gemachten, edlen Seifen vorhanden, die ausnahmslos aus wertvollen Pflanzenölen, Meersalz und weiteren naturreinen Essenzen ohne Verwendung von Konservierungsstoffen und Stabilisatoren hergestellt wurden. Wir finden zum Beispiel die Lavendelseife, Rosenzeit, Sommerträume, Gewürzgarten, Aphrodites Garten oder die frisch-maritimen Seifen Ostseewelle und Seebrise. Für den Mann gibt es frisch-herbes im Angebot: die Seifen Waldläufer und Froschkönig. Neben den Handseifen finden sich Haarseifen, Bartseifen, Pflegeseifen, Schrubbelseifen und weitere im Laden und sind auch online zu erwerben. Workshops zur Seifenherstellung finden statt und Ausstellungen von Kunsthandwerkern sind ebenfalls im Laden zu bewundern.

Meerseifen
Werkstattladen
Strandstraße 116
23669 Niendorf
T. 0151 41 63 61 69
www.meerseifen.de
Ab März Mi-Fr 14-17 Uhr, Sa 10-14 Uhr (außerhalb der Saison reduzierte Öffnungszeiten)

26 Genießen
Niendorf

Die Ostsee vor der Haustür

Nur einen Steinwurf von der Ostsee und dem Niendorfer Hafen entfernt liegt das Seaside Strandhotel mit dem Restaurant Bootshaus Niendorf. Die 13 modern eingerichteten Zimmer des Hotels verfügen über einen wunderbaren Meeres- und Hafenausblick. Ebenso hat man dann im Restaurant und von der Terrasse einen schönen Blick über die Promenade und den Meeresstrand. Spezialität der Küche ist beispielsweise die Pinsa, eine länger gegarte und damit bekömmlichere Variante der traditionellen italienischen Pizza. Aber auch der Bootshausburger, die Bowls, das Rumpsteak oder die Currywurst mit Rustic Fries sind sehr beliebt.

Strandhotel Seaside und Bootshaus
Gartenweg 1
23669 Niendorf
T. 0172 45 38 872
www.seaside-strandhotel.de
Bootshaus T.04503 70 36 900
www.bootshaus-niendorf.de

27 **Erleben**

Travemünde, Hemmelsdorf, Niendorf

Rund um den Hemmelsdorfer See

Etwa 30 km lang ist die beschauliche Radtour, bei der man von Travemünde startend um den Hemmelsdorfer See nach Niendorf und über das Ostseeküstenufer wieder zurück ins Seebad fährt. Anfahrt ist per Bahn bis zum Strandbahnhof in Travemünde möglich. Dann geht es über Teutendorf und Warnsdorf mit Besuch des dortigen Erlebnishofes (s. nachfolgenden Tipp) zum Südufer des Hemmelsdorfer Sees, wo sich mit 39 Meter unter Normalnull übrigens die tiefste Festlandsstelle Deutschlands befindet. Über Hemmelsdorf erreichen wir die Aalbeek-Niederung, wo es vom Hermann-Löns-Turm eine schöne Aussichtsmöglichkeit auf den See und die Niederung gibt. Vorbei am Vogelpark erreichen wir den Niendorfer Hafen und können nach einem kurzen Fischbrötchen den Rückweg im Binnenland über Brodten und parallel zur Küste antreten. Deutlich empfehlenswerter und landschaftlich äußerst reizvoll ist es aber, direkt am Küstenufer und dem höchsten Kliff des Landes, dem Brodtener Steilufer, und dem Erlebniscafé Hermannshöhe (s. Tipps 30 u. 31) wieder in Travemünde einzufahren.

Radtour Hemmelsdorfer See und Ostseeküste

www.travemuende-tourismus.de/erleben/auf-dem-rad

28 Erleben und Genießen
Warnsdorf

Ein Erlebnisdorf im Dorf

Im Erlebnis-Dorf von Karl kann man so Einiges unternehmen. Das Familien-Ausflugsziel bietet mehr als 50 Attraktionen wie etwa eine Kartoffelsack-Rutsche, Traktorbahn, Bauwagen-Kino, Mini-GoKart-Bahn, Schießbude, Ziegenstreichel-Gehege, Kletterbaum, Riesen-Hüpfkissen und vieles mehr. Für die gastronomische Versorgung und das Einkaufserlebnis ist in Karls Bauernmarkt, im Traktorladen, in der Hof-Küche und im Erdbeer-Café ausreichend gesorgt und der Eintritt ist frei. Highlight ist die Erdbeerernte von Mai bis September. Wenn es passt, sollte man auch einer der täglichen Live-Vorführungen, wie Brot backen, Bonbons ziehen oder Marmelade kochen beiwohnen.

Karls Erlebnis-Dorf Warnsdorf
Fuchsbergstraße 4
23626 Warnsdorf
www.karls.de/warnsdorf.html
tgl. 8-19 Uhr

29 Genießen
Warnsdorf

Stilvoll genießen unter Reet

Der liebevoll restaurierte ehemalige Gutshof des Landhauses Töpferhof bietet den Gästen heute 23 vornehme und freundliche Zimmer und Suiten sowie 14 Appartements. Zum Frühstück gibt es in der familiengeführten Vier-Sterne-Einrichtung regionale Produkte sowie selbst gemachte Marmelade. Das Brot kommt aus dem eigenen Steinbackofen. Im Sommer sitzt man im gemütlichen Bauerngarten. Es gibt einen Wellness-Bereich mit drei Saunen und ein eigenes Kosmetikstudio. Für kulinarische Highlights sorgen das Restaurant Ludwig's und das Café Tausendschön mit selbstgemachten Kuchen und Torten. Ausklingen lassen kann man den Tag dann im historischen Weinkeller.

Landhaus Töpferhof
Fuchsbergstraße 5-11
23626 Warnsdorf
T. 04502 21 24
www.landhaus-toepferhof.de

30 Erleben
Travemünde/Brodten

Wanderung am höchsten Ostseekliff des Landes

Nördlich von Travemünde liegt das bis zu 20 m hohe Ostsee-Steilufer von Brodten, das zu einer abwechslungsreichen Wanderung am Kliff einlädt. Am Ortsende geht es in den Wald und immer an der Abbruchkante des Brodtener Steilufers entlang, während man immer wieder schöne Panoramablicke auf die Ostsee und das Steilufer genießen kann. Nach etwa 3 km erreicht man die Hermannshöhe mit dem gleichnamigen Erlebniscafé (s. nachfolgenden Tipp). Nach der Stärkung kann man die Wanderung (auch als Radtour möglich) an der Küste bis nach Niendorf oder Timmendorfer Strand fortsetzen und per Bus oder Bahn nach Travemünde zurückkehren. Als Rundtour beendet man die Wanderung, indem man für den Rückweg die Strandstrecke direkt am Fuße des Kliffs entlang wählt. Etwa 1,5 km in Richtung Niendorf von der Hermannshöhe aus geht eine Treppe zum Ostseestrand hinab. Von hier kann man an den herabgebrochenen Erdschollen, Felsen und Bäumen schön das Wirken der Eiszeiten und die aktuellen landschaftsgestaltenden Kräfte der Ostsee beobachten. Etwas unwegsam und feucht kann der Rückweg werden, aber er entschädigt die Wandermühen durch das eindrucksvolle Landschafts-, Wildnis- und Naturerlebnis.

Brodtener Steilufer
www.travemuende-tourismus.de/erleben/im-gruenen/brodtener-steilufer

31 Erleben und Genießen

Brodten

Einkehr mit Weitblick

Die Lage der Hermannshöhe am Brodtener Steilufer ist grandios und eröffnet den Gästen einen weiten Blick auf die Gestade der Ostsee. Vom Strandkorb aus kann man den zahlreichen vorbeikommenden Radfahrern und Wanderern zusehen, während man das Schlemmerbüfett-Frühstück, Burger, Backfisch, Ofenkartoffeln, den Steilküstensalat oder am Nachmittag die – nach eigenen Angaben – größte Kuchen- und Tortenauswahl der Lübecker Bucht genießen kann. Souvenirs lassen sich im anliegenden Shop „Luv & Lee“ erwerben und die Kinder erfreuen sich auf dem Abenteuerspielplatz, im Indoor-Bällebad, auf der Hüpfburg und auf dem Kid's Day. Für Gruppen, Feierlichkeiten und Festivitäten gibt es gesonderte Angebote im Erlebniscafé.

Erlebniscafé Hermannshöhe

Hermannshöhe 1
23570 Brodten
info@die-hermannshoehe.de
www.die-hermannshoehe.de
tgl. 11-18 Uhr

32 Entdecken

Ratekau

Feldstein-Wehrkirche aus dem 12. Jahrhundert

Wenn man über die Autobahn von Hamburg in Richtung Fehmarn fährt, sieht man die auffällig und exponiert stehende Vicelinkirche von Ratekau aus dem 12. Jahrhundert. Ziemlich wehrhaft und fast eher burgartig kommt das Gotteshaus daher, und in der Tat handelt es sich auch um eine Feldstein-Wehrkirche. Der massive, wuchtige, 48 Meter hohe Rundturm mit seinem Kegelhelm diente als Fluchtort. Die aus Feldsteinen und unter Verwendung von Gips-Mörtel aus dem Segeberger Kalkberg errichtete, einschiffige, spätromanische Kirche, deren Baubeginn wohl auf das Jahr 1156 zurückgeht, gehört zu den am besten erhaltenen ihrer Art. Bekannt ist Ratekau auch durch ein militärisches Ereignis. Im Jahr 1806 kapitulierte der preußische General Blücher vor der Übermacht der heranrückenden napoleonischen Truppen. Die Blücher-Eiche und ein Gedenkstein erinnern daran.

Feldsteinkirche Ratekau

Vicelinkirche
Hauptstraße 13
23626 Ratekau
T. 04504 36 25
www.kirche-ratekau.de

33 Entdecken
Ratekau

Dorf- und Regionalgeschichte in alter Räucherkate

Das Dorfmuseum des Ortes besteht aus einer schmucken Fachwerk-Räucherkate sowie weiteren Gebäuden wie Schmiede, Werkhaus, Remisen und einem Backhaus mit intaktem Kuppelofen. Umgeben wird das Ganze von einem blühenden Museumsgarten. Es sind eine Stube von 1880 und eine Küche von 1940 zu besichtigen. Zudem gibt es alte Küchen- und Haushaltsgeräte wie Kaffeemühlen, Nähmaschine, Webstuhl, alte Herde sowie landwirtschaftliche Geräte und Maschinen, eine Schuhmacherwerkstatt und diverse Arbeitsgeräte unterschiedlicher Handwerke.

Dorfmuseum Ratekau
Am Dorfmuseum 1
23689 Ratekau
info@dorfmuseum-ratekau.de
www.dorfmuseum-ratekau.de
So 10-12 Uhr

34 Entdecken
Travemünde

Deutschlands ältester Leuchtturm

Der 31 m hohe Leuchtturm in Travemünde stammt aus dem Jahre 1539 und ist damit das älteste Leuchtfeuer in Deutschland. Es kommt allerdings erstaunlich frisch daher, was daran liegt, das der denkmalgeschützte Turm in den Jahren 2003/2004 umfassend saniert wurde. Von der umlaufenden Galerie des Leuchtturms hat man einen grandiosen Blick auf den Skandinavienkai, die Trave, die Altstadt sowie in die Lübecker Bucht bis nach Mecklenburg-Vorpommern hinüber. Der Aufstieg durch die acht Geschosse ist auch sehr unterhaltsam: In ihnen befindet sich ein maritimes Museum zur Leuchtfeuertechnik und zu weiteren Leuchttürmen, die sich im Verwaltungsbereich des Wasser- und Schifffahrtsamtes (WSA) Lübeck befinden. 1972 wurde das Feuer des Turmes gelöscht und seine Aufgabe hat seit 1974 ein neues Leuchtfeuer in 115 m Höhe im Hotel Maritim übernommen – gewiss eines der höchsten Leuchtfeuer der Welt. An der Nordmole befindet sich noch ein kleineres grün/weißes Leuchtfeuer, das eine Feuerhöhe von 12,30 m besitzt.

Alter Leuchtturm Travemünde
Am Leuchtturmfeld 1
23570 Travemünde
T. 04502 88 91 790
www.leuchtturm-travemuende.de
April bis Oktober tgl. 13-16 Uhr
Juli und August tgl. 11-16 Uhr

35 **Entdecken**
Travemünde

Der letzte Frachtensegler Deutschlands

Prominent und weithin sichtbar liegt die stolze Viermastbark „Passat" am Priwallhafen. Sie gehört neben dem Leuchtturm zu den Wahrzeichen der Stadt und ein Besuch des 115 m langen Frachtenseglers gehört zum Besichtigungs-Pflichtprogramm in Travemünde. 1911 ist das heutige Museumsschiff als einer der legendären Flying-P-Liner (alle 66 Schiffsnamen beginnen mit dem Buchstaben P) der Hamburger Reederei F. Laeisz vom Stapel gelaufen und hat vor allem Salpeter von Südamerika und Weizen aus Australien herantransportiert. Zu ihrer Zeit waren sie die schnellsten Transportmittel auf den Weltmeeren. Die Passat war bis 1957 unter Segeln unterwegs und hat 39 Mal Kap Horn umrundet. Eine Ausstellung auf dem Schiff informiert über die große Zeit der Frachtensegler und das raue Leben an Bord. Heiraten und Übernachten auf dem Schiff ist ebenfalls möglich und diverse Veranstaltungen finden statt. Die Stadt Lübeck bewahrte den Viermaster vor der Abwrackung und seit 1960 liegt der sturmerprobte Großsegler an der Travemündung.

Viermastbark Passat
Passathafen
23570 Lübeck-Travemünde
T. 0451 12 25 202
Anfrage und Buchungen:
fuehrungen@rettediepassat.de
www.travemuende-tourismus.de/unser-seebad/viermastbark-passat
www.luebeck.de/de/stadtleben/tourismus/travemuende/sehenswuerdigkeiten-travemuende/viermastbark-passat/index.html
Hauptsaison: tgl. 10-17 Uhr
Vor- und Nachsaison:
tgl. 11-16.30 Uhr

36 Erleben und Genießen
Travemünde/Lübeck

Die kleine Kreuzfahrt zwischen Lübeck und Travemünde

Da gehört die Anfahrt unbedingt zum Urlaubserlebnis dazu, wenn man mit den modernen Schiffen MS Hanse, MS Hansa und MS Hermes der Hanseschifffahrt gemächlich die Trave zwischen Travemünde und Lübeck entlang gleitet. Mehrmals täglich starten die Schiffe an der Kaiserbrücke (Vorderreihe 64) in Travemünde sowie am Hansekai nahe dem Hansemuseum in Lübeck. Neunzig Minuten dauert eine Fahrt, die vorbei führt an der Travemünder Skyline, der Priwallfähre, dem Skandinavienkai, der Pötenitzer Wieck, dem Naturschutzgebiet Dummersdorfer Ufer, der alten Fischersiedlung Gothmund und den Lübecker Hafenanlagen. Frühzeitig gestartet hat man so einige Stunden für die Besichtigung von Travemünde oder Lübeck. Bei sofortiger Rückfahrt sorgt die Bordgastronomie in den Panoramaschiffen dafür, dass man versorgt ist und das besondere maritime Erlebnis in vollen Zügen genießen kann.

Hanseschifffahrt
An der Untertrave 12/13
23568 Lübeck
T. 0163 54 75 773
www.hanseschifffahrt.de

37 Genießen
Travemünde

Maritimer Genuss auf der Trave

Direkt an der Prinzenbrücke liegt das Restaurantschiff „Traveblick“ an der Vorderreihe und bietet neben einem unvergleichlichen Ausblick auf den Fluss und den gesamten Bootsverkehr, der hier Trave auf und Trave ab vorbeischippert, einige kulinarische, maritime Spezereien. Wenn man schon auf dem Wasser liegt, sollte es vielleicht auch Rotbarsch, Scholle, Hering, Dorsch oder Labskaus nach Seemannsart sein, aber es gibt ebenso andere Gerichte an Bord. Auch das Frühstück ist nicht zu verachten und ist zeitlich sogar für Langschläfer noch erreichbar.

Traveblick
Restaurant, Café
Vorderreihe/Brücke 148
23570 Travemünde
T. 04502 26 45
www.traveblick-travemuende.de
tgl. ab 11.30 Uhr

38 Entdecken
Travemünde

Bücher und Mehr

Zentrale Lage, große Auswahl, kompetenter Service.

Elatus Buchhandlung
Vorderreihe 30
23570 Travemünde
T. 04502 30 97 54
www.elatusbuch.de

39 Genießen
Travemünde

Einkehren in historischem Ambiente

Gegenüber der Priwall-Fähre liegt ein hübsches Backsteingiebelhaus, die Alte Vogtei. Das Renaissance-Gebäude stammt aus dem Jahre 1551 und gehört zu den ältesten erhaltenen Gemäuern, da ein Stadtbrand im Jahre 1522 die noch ältere Bausubstanz der Stadt weitgehend vernichtet hat. Im Innern sind antikes Mobiliar, Gemälde, eine Rokoko-Treppe und 2007 freigelegte alte Wandmalereien zu bewundern. Die regionale Küche des Restaurants, zu der auch fangfrischer Fisch vom Travemünder Kutter gehört, bietet aber auch Pizza und Flammkuchen aus dem Steinofen und täglich wechselnde Kuchen-Spezialitäten. Bei schönem Wetter kann man zwischen drei Außenanlagen wählen: ein großer Biergarten, ein ruhiger Hinterhof und die Stra-

ßenterrasse mit Aussicht auf die belebte Vorderreihe. Ein Blick auf die Hochwassermarken von 1625 und 1872 am Haus zeigen, dass die Trave auch anders kann, wenn Ostsee-Sturmfluten das Wasser den Fluss hinauf drücken.

Fisch & Meer
Alte Vogtei
Vorderreihe 7
23570 Travemünde
T. 04502 77 08 68
www.fisch-meer-travemuende.de
tgl. 11-22 Uhr

40 Entdecken
Travemünde

Ein Ankerplatz

In einem denkmalgeschütztem Haus aus dem 18. Jahrhundert befindet sich neben einem Schiffsausrüster und einer Filiale für Yachtbedarf diese Buchhandlung zum Wohlfühlen. Setzen Sie sich in einen der gemütlichen Sessel und suchen in Ruhe das aus, was Ihnen gefällt. Ein echter Ankerplatz.

Buch Anker
Vorderreihe 1
23570 Lübeck Travemünde
T. 04502 76 59 882
www.buchanker.de

41 Entdecken
Travemünde

Das Gotteshaus zum heiligen Laurentius

Die erste urkundliche Erwähnung der Lorenzkirche stammt aus dem Jahr 1235. Der ursprüngliche Bau aus dem 13. Jahrhundert wurde allerdings bei einem der verheerenden Stadtbrände zu Beginn des 15. Jahrhunderts weitgehend vernichtet. Der heutige gotische Nachbau stammt von 1557/58, der Turm und der spitze Helm wurden in der Zeit von 1605 bis 1621 erneuert. Im Innern gelten Altar und Kanzel aus der Zeit des Barock als bedeutendste Stücke. Lediglich das überlebensgroße Kruzifix hat den Kirchenbrand überstanden und datiert aus der Zeit um 1470. Interessant sind auch die farbige Holzdecke von 1602 und die Epitaphe der frommen Stifter.
Wenn sich die Gelegenheit bietet, sollte man einem Orgelkonzert, einer Abendmusik oder einem Sonntagskonzert in der alten Barockkirche beiwohnen.

St. Lorenz Kirche
Jahrmarktstraße 14
23570 Travemünde
T. 04502 88 800
www.kirche-travemuende.de
Di So 11-15 Uhr

42 Erleben
Travemünde

Vom kleinen Fischerdorf zum mondänen Ostseebad

Das 2007 eröffnete kleine Museum, nahe der St. Lorenzkirche gelegen, zeigt auf einer Fläche von 160 m² die Geschichte des Ortes mit dem Schwerpunkt auf die Jahre 1802 bis heute. Es geht also von den Anfängen der Seebadekultur bis zum heutigen Massentourismus. Konnten sich früher nur die Adeligen, die Kaiserlichen und die Reichen eine Sommerfrische in den Seebädern leisten, so ist es heute doch ein Urlaubsvergnügen für Jedermann. Bademode, Strandleben, Fischerei, Schifffahrt, Werften, Fliegerei, Tourismus, Handel, Casino und Infrastruktur sind nur einige der Themen, die Erwähnung finden. Kleine Filme, historische Fotos, Hörstationen und zahlreiche Exponate machen die wechselhafte Geschichte des Badetourismus erlebbar.

Seebadmuseum
Torstraße 1
23570 Travemünde
T. 04502 99 98 094
www.heimatverein-travemuende.de
März bis Dezember, Di-So 11-17 Uhr, Montag Ruhetag

43 Erleben

Travemünde

Die Meeres-Lebewelt der Ostsee live erleben

Wer wissen möchte, welche Muschel oder Schnecke er am Strand gefunden hat, wie die Fischfilets im Restaurant als lebendes Tier aussehen, welche Krebse, Schwämme, Moostierchen und Quallen in der Ostsee vorkommen, sollte sich auf den Weg in die Ostseestation Travemünde auf dem Priwall machen. Mit Führung oder ab Nachmittag als Einzelbesucher kann man sich über die heimische Ostseelebewelt in den Aquarien der Station, das gleichzeitig Meeresmuseum ist, informieren. Die etwa 60 bis 75 Minuten dauernden Führungen mit Fütterungen, Anfassen und Möglichkeiten für Fragen sind nach Aussagen der Betreiber für Besucher von 3 bis 104 Jahren geeignet. Es werden auch Kescher-Exkursionen, Mikroskopierkurse und spezielle Gruppenveranstaltungen angeboten.

Ostseestation Travemünde
Priwallpromenade 29-31
23570 Travemünde
T. 04502 30 87 05
www.ostseestation-travemuende.de
Öffnungszeiten für Gruppen, Führungen und freien Besuch s. Homepage

44 Entdecken

Travemünde

Von Kiebitzen, Kormoranen und Kreuzfahrtschiffen

Der Südliche Priwall ist ein 148 Hektar großes Naturschutzgebiet (NSG) mit Feuchtwäldern und -weiden, Trockenrasen, Kleingewässern und salzbeeinflussten Lebensräumen. Eine nette, etwa 4 km lange Wanderung führt durch das Gebiet, die man sehr gut an der Naturwerkstatt im Fliegerweg beginnen kann. Dort kann man sich schon einmal über das Gebiet, die Geschichte und seine Tier- und Pflanzenwelt informieren. Hier starten auch die Führungen, die vom Landschaftspflegeverein Dummersdorfer Ufer, der das NSG betreut, veranstaltet werden. Der Weg führt durch ein buntes Mosaik unterschiedlicher

Lebensräume. Es geht vorbei an ökologisch bewirtschafteten Waldarealen und einer großen Feuchtwiese, Kopfweiden, Pappeln und Sanddorngebüsche; Röhrrichte und Strandabschnitte säumen den Weg. Kiebitze und andere Wiesenvögel kann man auf den Grünflächen sehen; Seevögel, Enten, Gänse und Möwen lassen sich auf den Wasserflächen der Pötenitzer Wiek und des Dassauer Sees beobachten. Beim Rückweg am Ufer der Trave entlang können wir einen Blick auf den Skandinavienkai am gegenüberliegenden Ufer werfen und den großen Fähr- und Kreuzfahrtschiffen beim Ein- und Auslaufen zusehen.

Naturwerkstatt Priwall
Fliegerweg 5-7
23570 Travemünde
T. 04502 99 96 465
www.dummersdorfer-ufer.de
www.naturwerkstatt-priwall.de
Mo-Sa 10-16 Uhr

45 Erleben

Travemünde/Ostsee

Kurzurlaub auf See und Schweden erkunden

Der Skandinavienkai in Travemünde ist der größte Fährhafen an der deutschen Ostseeküste. Von hier starten Fähren nach Schweden (Trelleborg und Karlshamn), Finnland (Helsinki) und ins Baltikum. Von der Trave-Promenade aus kann man den großen Pötten beim Einfahren und Auslaufen auf der Trave zusehen. Warum nicht einmal selbst auf dem Schiff stehen und den grüßenden Sehleuten am Ufer von der Reling aus zuwinken? Eine Schiffstour als Minikreuzfahrt nach Trelleborg und wieder zurück bietet beispielsweise die TT-Linie an. Es besteht auch die Möglichkeit über Nacht nach Trelleborg zu fahren, einen Tag Südschweden zu erkunden und in der nächsten Nacht nach Travemünde zurückzukehren. Auch eine Ostseefahrt nach Rostock kann ein schöner Tagesausflug sein.

TT-Linie – Die Schwedenfähre
Zum Hafenplatz 1
23570 Lübeck
T. 0180 66 66 600
www.ttline.com

46 Erleben

Travemünde

Naturerlebnis am Traveufer

Traveaufwärts in Richtung Lübeck liegt zwischen dem Skandinavienkai und den Stadtteilen Herrenwyk und Kücknitz das Naturschutzgebiet „Dummersdorfer Ufer“. Das muntere Nebeneinander von salzigen und ausgesüßten sowie von trockenen hin zu feuchten und nassen Lebensräumen bietet vielen interessanten Tier- und Pflanzenarten Existenzmöglichkeiten. Die Beweidung und damit die Landschaftspflege der Biotope erfolgt durch Schafe und Ziegen. Vielfältige Wanderungen sind im Gebiet möglich, wobei der zentrale Parkplatz am Hirtenbergweg in Lübeck-Kücknitz ein guter Ausgangspunkt ist. Im Süden und Norden des Gebiets befinden sich Aussichtstürme. In der Naturschutzstation Dummersdorfer Ufer mit dem anliegenden Naturerlebnisraum „Schafberg Dummersdorf“ hat der Landschaftspflegeverein seinen Sitz, betreibt einen Naturkindergarten und bietet Führungen und Veranstaltungen zum Naturschutz und zur Umweltpädagogik an.

Landschaftspflegeverein Dummersdorfer Ufer e. V.
Resebergweg 11
23569 Lübeck
T. 0451 30 17 05
www.dummersdorfer-ufer.de
Bürozeiten: werktags 8-14 Uhr

Entdecken und Genießen
Travemünde

Da kommt keine Langeweile auf – Travemünder Veranstaltungen

An Veranstaltungen mangelt es nicht in Travemünde: Es beginnt im Frühjahr mit Travemünde JAZZT und dem Travemünder Promenadenfest, einem Musik- und Kleinkunstfestival bis in den Herbst mit einer vergleichbaren Veranstaltung, dem Travemünder Seebadfest, sowie dem Travemünder Lichterzauber und einem Drachenfest. Dazwischen sind unbedingt erwähnenswert: der Travemünder Beach Cup, ein Strandhandball-Turnier, das Holstentor-Boule-Turnier, das größte Turnier dieser Art in Deutschland, sowie für Freunde des Volkswagen-Käfers die Beetle Sunshine Tour. Bedeutsamste Travemünder Veranstaltung ist aber die Travemünder Woche im Juli, wobei hier der erste Platz, was die Größe der Veranstaltung angeht, Kiel gebührt, aber schon dann folgt als zweitgrößte Segelsportveranstaltung der Welt die Segelwoche in Travemünde. Es ist aber natürlich nicht nur eine Sportveranstaltung, sondern auch ein Volksfest mit reichlich Gedränge, vielen kulinarischen,

musikalischen und künstlerischen Angeboten und einem umfänglichen Kinderprogramm.
www.travemuende-tourismus.de/veranstaltungen
www.travemuende-beach-cup.de
www.cdb-luebeck.de
www.beetle-sunshinetour.de
www.travemuender-woche.com

48 Erleben
Travemünde

Meisterwerke der Sand-Bildhauerei

Nach den maritimen Abenteuern im Jahr 2019 fand 2020 die zweite Sandskulpturen-Ausstellung in der großen Bootshalle im Travemünder Fischereihafen statt. Eine „Märchenwelt" aus Sand war das Thema und neben Aladin und die Wunderlampe, Sindbads Reisen, der kleinen Meerjungfrau, Rotkäppchen, Pinocchio und den Bremer Stadtmusikanten konnten diverse weitere Märchenfiguren in Sand bestaunt werden. 10.000 Kubikmeter Spezialsand wurden von internationalen Künstlern, darunter Welt- und Europameistern in der Sandgestaltung, verarbeitet. Im Jahr 2023 war das Thema Film und Fernsehen mit Sandskulpturen von E.T., Star Wars, James Bond, Avatar, Dick und Doof, den Mainzelmännchen und diversen Weiteren. Neben einem Sand-Museum und einem kleinen Café gab es auch eine Sandkiste – damit die Nachwuchs-Sandkünstler ihre ersten eigenen Kunstwerke entwickeln konnten.

Sandskulpturen Travemünde
Auf dem Baggersand/Ecke Travemünde Landstraße
23570 Travemünde
www.sandskulpturen-travemünde.de
Ende März bis Anfang November 10-18 Uhr

49 Genießen
Travemünde

Vom traditionsreichen Casino zum noblen Grand Hotel

Das Casino Travemünde war bis 2012 eine der ältesten Spielbanken Deutschlands. Das schmucke und traditionsreiche Anwesen gehört seit 2016 zur Atlantic-Hotelgruppe und beherbergt in bester Lage nahe der Strandpromenade und mit Panoramablick auf die Ostsee das Atlantic Grand Hotel. Hier finden Sie alles unter einem Dach: Neben vornehmen Zimmern und Suiten, in denen man nächtigen kann, befindet sich auch das Restaurant Holstein's in den Räumlichkeiten. Hier gibt es u. a. maritime Spezialitäten in einer saisonalen und regionalen Kü-

che, die norddeutsche und internationale Gerichte vereint. Ausgewählte Cocktails und Drinks gibt es in der Hotelbar Seven C's und auf den Terrassen über dem Hotelgarten sitzt man in gemütlichen Wohnsesseln und Sofas und genießt den Ostseeblick mit vorbeischippernden Booten und einem klaren Sternenhimmel nach Einbruch der Dunkelheit. Ab April öffnet die Eisdiele und bietet diverse Eisspezialitäten und in der Smoker's Lounge kann man ungestört eine gepflegte Zigarre verqualmen.

Atlantic Grand Hotel Travemünde
Kaiserallee 2
23570 Travemünde
T. 04502 30 80
Restaurant Holstein's
T. 04502 30 85 33
www.atlantic-hotels.de/grand-hotel-travemuende

50 Genießen
Travemünde

Residieren im denkmalgeschützten Kurhaus
Schick gemacht ist es und strahlt in herrlichem Weiß, das ehemalige Kurhaus, heute das Hotel A-Rosa. 154 Zimmer und 37 Suiten werden für eine edle Übernachtung mit Blick zur Ostsee oder ins Grüne geboten, am besten mit Balkon, Terrasse oder Loggia. Hinzu kommt auf einer Fläche von 4.500 m² ein umfangreicher Wellness- und SPA-Bereich, wo es neben Meerwasser Innen- und Außenpool mit eigener Meerwasserpipeline, einen Fitness-Bereich und Kneipp-Becken, sieben Themensaunen, zahlreiche Anwendungen und weitere Angebote gibt. Für eine kleine Stärkung geht es ins hauseigene Wintergartenrestaurant, in die Vitalbar, in die Fusion Bar, in die Weinwirtschaft oder in die Bar am Marktplatz. Wer lieber noch ein Gläschen am Strand trinkt, besorgt sich im Enoteca Weinhandel ein Fläschchen. Hier gibt es Weine aus aller Welt.

A-Rosa Travemünde
Außenallee 10
23570 Travemünde
T. 04502 30 70 705
www.arosahotels.de/reiseziele/travemuende.html

Hansestadt Lübeck

1 **Entdecken**
Lübeck

Eindrucksvoller Stadtzugang

Das nach niederländischem Vorbild 1464-1478 errichtete Stadttor und die Verteidigungsanlage dürfte im Mittelalter auf ankommende Reisende einigen Eindruck gemacht haben. Und so auch heute noch, wenn man als Besucher den Fußweg vom Bahnhof zur Altstadt geht und auf das weltberühmte Wahrzeichen mit der Altstadtsilhouette im Hintergrund zusteuert. Die Doppelturmanlage besitzt zur Stadtaußenseite 3 m dicke Wände. Die Neigung trat bereits frühzeitig durch ungleichmäßiges Absacken der schweren Türme im morastigen Untergrund auf und konnte erst 1933/34 gestoppt werden. Über dem rundbogigen Eingangstor lesen wir in goldenen Lettern den Schriftzug „CONCORDIA DOMI FORIS PAX“ (Drinnen Eintracht Draußen Frieden). Dem kann man auch heute noch getrost zustimmen. Das Holstentor ist ein stolzes Symbol der Lübecker Geschichte, dessen Abriss in einer Entscheidung der Bürgerschaft im Jahre 1863 nur knapp mit einer Stimme Mehrheit abgelehnt wurde. Das Museum in Innern informiert über die Stadtgeschichte, die Hansezeit, Seefahrt, Handel, Foltermethoden und Anderes. Ein Modell zeigt die Stadtansicht um 1650.

Museum Holstentor
Holstentorplatz
23552 Lübeck
T. 0451 12 24 129
www.museum-holstentor.de
01.01.-31.03. Di-So 11-17 Uhr
01.04-31.12. Mo-So 10-18 Uhr

2 Entdecken Lübeck

Skulpturenreicher Gewässer-Übergang

Die Brücke, auf der man vom Bahnhof kommend den Stadtgraben in Richtung Holstentor überquert, ist beidseitig durch eine Reihe unterschiedlicher Skulpturen geschmückt. Die ehemalige Holzbrücke wurde im Jahr 1773 zur ersten Steinbrücke Lübecks umgebaut. Bereits 1774 bis 1776 schuf der Bildhauer Dietrich Jürgen Boy die heute noch zu bewundernden Puppen (Skulpturen), die der Brücke ihren Namen eintrugen. Die acht Statuen symbolisieren unterschiedliche Themen und Gottheiten: Die vier Damen stehen für Freiheit, Frieden, Eintracht und Vorsicht; hinzu kommen ein Flussgott (Trave), ein Römischer Krieger, sowie Neptun, der Gott des Meeres, und Merkur, der Gott des Handels, der Diebe und Reisenden. Die vier Vasen stehen für Sparsamkeit und Fleiß, Ackerbau und Viehzucht, Wissenschaft und Künste sowie für

Vaterlandsliebe. Bei den Brücken-Skulpturen handelt es sich um Nachbildungen; die Sandstein-Originale sind im Museum St. Annen oder dessen Garten zu bewundern.

Puppenbrücke
Äußere Holstenbrücke

3 Erleben Lübeck

Gut geführt durch die Stadt

Eine Stadtführung ist eine gute Möglichkeit, erst einmal einen Überblick über eine Stadt, ihre besonderen Sehenswürdigkeiten oder Attraktionen zu bekommen. Das Angebot für Stadtführungen ist in Lübeck erheblich, aber sicherlich auch die Nachfrage. Im Folgenden gibt es eine Übersicht wichtiger Anbieter.
Die klassische, öffentliche, zweistündige Stadtführung bietet die Tourist-Information, die nahe dem Holstentor ihr Büro hat. Der Lübecker Verkehrsverein, der seit 1904 in Lübeck ansässig ist, bietet Stadtrundgänge und The-

menführungen, die als Partner der Lübeck- und Travemünde Marketing GmbH auch über die Tourist-Information buchbar sind. Der Gästeservice Lübeck hat 50 Produkte in 17 verschiedenen Sprachen im Angebot. Die Lübecker Stadtführer e.V., Mitglied im Bundesverband der Gästeführer für Deutschland, bietet die klassische Stadtführung mit Rathausbesichtigung und verschiedene Themenführungen an, ebenso wie die K3 Stadtführungen. Wichtige Themen, die angeboten werden, sind beispielsweise: Nachtwächter-Touren, Sehenswürdigkeiten, Gänge und Höfe, Kneipenbummel, kulinarische Führungen, historische Altstadt, Gruselführung – Lubeca magica, Lübeck weiblich und viele weitere. Sonder- und Einzelführungen und Spezialthemen sind mit allen Anbietern absprechbar.

Stadtführungen
www.luebeck-tourismus.de/altstadt/erlebnisse/stadtfuehrungen
www.verkehrsverein-luebeck.de/index.php/stadtfuehrungen
www.gaesteservice-luebeck.de
www.luebecker-stadtfuehrer.de
www.k3.de/luebeck/stadtfuehrungen

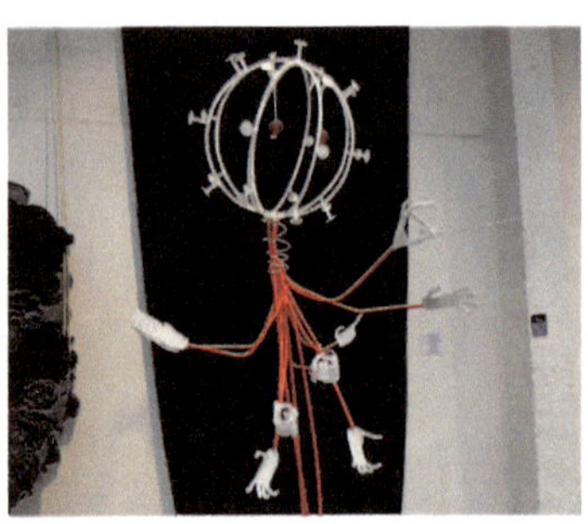

4 **Entdecken**
Lübeck

Das Projekt Kunsttankstelle

Nahe dem Holstentor, in unmittelbarer Nähe zu den Salzspeichern hat der Verein Defacto Art im Jahre 2015 eine altes Tankstellenareal von 1936 übernommen und 2019 käuflich erworben. Hier bietet sich Raum für vielfältige Ausstellungen und kulturelle Begegnungen. Sehr hübsch ist der Zugang zur Stadt-Trave mit einem idyllischen, wassernahen Gartenareal. Es finden Ausstellungen zu Fotografie, Bilderkunst, Skulpturen sowie Musik-, Kleinkunst- und Literaturlesungs-Veranstaltungen und vieles mehr statt. Erste Kunstwerke, die sich mit der Corona-Pandemie auseinandersetzen, sind auch bereits zu besichtigen (s. Foto mit der Skulptur "Covida2020" von Peter Fischer). In den anliegenden Garagen sollen nach der Renovierung mehrere kleine Ateliers entstehen, die von Künstlern genutzt werden können.

Kunsttankstelle
Defacto Art e. V.
Wallstr. 5
23560 Lübeck
T. 0171 49 49 582
www.defacto-art.org
Do u. Fr 16-19 Uhr,
Sa u. So 13-18 Uhr

5 Entdecken Lübeck

Die Welt des Puppentheaters

Zwei durch die Possehl-Stiftung unterstützte Lübecker Institutionen sollen erwähnt werden, obwohl sie derzeit wegen Renovierungsarbeiten bis voraussichtlich 2024 geschlossen sind. Das TheaterFigurenMuseum besitzt einen riesigen, mehrere Zentausend Figuren-Exponate aus aller Welt umfassenden Bestand. Ein Teil davon ist im Museum zu besichtigen und gibt Einblicke in die Unterhaltungsmöglichkeiten früherer Jahrhunderte. Das seit 1977 in Lübeck ansässige Figurentheater am Kolk (vormals Lübecker Marionettentheater Fritz Fey sen.) ist ebenfalls derzeit ge-

schlossen, bietet aber einige Vorführungen im Hansemuseum oder im St. Petri Kirchhof an. Beide Einrichtungen werden aktuell durch das TheaterFigurenMobil, das auf dem Kirchhof von St. Petri steht, vertreten. In dem bunt gestalteten Theaterwagen finden sich Informationen zu den beiden Einrichtungen und den Umbauarbeiten, der Museumsladen und die Figurentheater-Kasse.

TheaterFigurenMobil
Kirchhof St. Petri
23552 Lübeck
T. 0451 70 060
www.kolk17.de/besuchen
Di u. Do 10-17 Uhr,
Di, Fr, Sa 10-14 Uhr

6 **Erleben und Genießen**
Lübeck

Stadt-Ausblick vom Kirchturm

Die Kirche St. Petri ist weit über 800 Jahre alt und gehörte zu den ältesten Gotteshäusern Lübecks. Der erste Luftangriff der Alliierten auf eine deutsche Stadt im Zweiten Weltkrieg traf am Palmsonntag des Jahres 1942 die Stadt Lübeck und zerstörte erhebliche Teile der Altstadt und auch die St. Petri Kirche. Lange Zeit war die Kirche nur eine notdürftig erhaltene Ruine, bis im Jahre 1987 das wiederhergestellte Innere einer neuen Bestimmung als Stadt- und Kulturkirche übergeben werden konnte. Die Kultur- und Universitätskirche bietet heute ein vielfältiges Veranstaltungsprogramm, das in dem geräumigen, lichten Kirchenraum stattfindet. Besonders bekannt ist die 108 m hohe Kirche mit ihren markanten vier Ecktürmchen durch ihre Aussichtsmöglichkeiten. Ein Fahrstuhl fährt die Besucher auf die in 50 m Höhe gelegene Aussichtsplattform, von der ein herrlicher Blick auf die Altstadt und ins Lübecker Umland möglich ist. Besonders beliebt sind die gelegentlich angebotenen abendlichen Öffnungen mit Blick auf die Lichter der Stadt. Sehr zu empfehlen ist ein anschließender Besuch des Cafés, das zu einem kleinen Mittagsimbiss oder zu hausgemachten Kuchen und Torten sowie Kaffee- und Teespezialitäten einlädt – bei schönem Wetter gern im historischen Ambiente des gemütlichen Petrikirchhofes.

Kirche St. Petri und Aussichtsturm
Petrikirchhof
23552 Lübeck
T. 0451 39 77 30, Café 79 07 014
www.st-petri-luebeck.de
Kirche: März bis Dezember tgl. 11-16 Uhr
Aussichtsturm: Januar bis Februar Mo-So 11-17 Uhr, März bis Dezember Mo-So 10-19 Uhr
St. Petri Café: März bis Oktober 12-17 Uhr.

7 Entdecken
Lübeck

Seit fast 800 Jahren Sitz der Stadtverwaltung

Das Lübecker Rathaus wurde kurz nach der Stadtgründung am höchsten Punkt des Stadthügels errichtet. Es gehört zu den größten und bedeutendsten Rathäusern Deutschlands. Die ältesten Teile stammen von 1230, aber im Laufe der Jahrhunderte wurde immer wieder angebaut, abgebrochen und verändert, so dass sich eine Mischung aus unterschiedlichen Baustilen ergibt. Eindruck macht der Prachtbau, in dem 1356 der erste Hansetag stattfand, allemal. Vom Markt blickt man auf die Schauwand mit glasierten Steinen und den beiden Windlöchern sowie auf die Renaissancevorbauten, davon abgehend stehen das Lange Haus und die Prachtfassade mit den Zinnen und Wappen. Lohnend ist auch eine Besichtigung des Rathaus-Inneren, die im Rahmen von Führungen möglich ist. Sie führt durch die Hallen, Säle und Treppenaufgänge und an der Ahnengalerie vorbei, in der 65 der insgesamt 229 Bürgermeister, die die Stadt bislang regierten, dargestellt sind.

Rathaus
Breite Straße 62
23552 Lübeck
T. 0451 12 21 005
www.luebeck.de/de/stadtleben/tourismus/luebeck/sehenswuerdigkeiten/rathaus.html
Führungen: Mo-Fr 11, 12 u. 15 Uhr; Sa u. So 12 Uhr

8 **Genießen**
Lübeck

Speisen im historischen Ambiente

Unter dem Rathaus liegt der Ratskeller, in dem eine regionale, gut bürgerliche Küche geboten wird. Neben wechselnden Tagesangeboten kann man verschiedene Fleisch- und Fischgerichte im historischen Ambiente zu sich nehmen. Je nach Saison werden besondere Schwerpunkte geboten: Spargel ab April, Matjes im Juni, Birnen, Bohnen und Speck im September und Grünkohl ab Oktober. Dass der Wein eine besondere Rolle spielt, zeigt sich bereits in der Eingangshalle. Das kunstvolle, 14-eckige Weinfass kann mit einer Länge von 3 m und einer Höhe von 2 m etwa 3300 l fassen. Durch eingebaute Zwischenwände konnten zwölf unterschiedliche Weinsorten darin gelagert werden, die durch unterschiedliche Zapfhähne entnommen wurden.

Ratskeller
Markt 13
23552 Lübeck
T. 0451 72 044
www.ratskeller-zu-luebeck.de
Mo-Sa 12-21.30 Uhr, So Ruhetag

9 Erleben und Genießen
Lübeck

Die Weihnachtsstadt des Nordens

Weihnachtsmärkte haben einige Tradition in Lübeck. Im Jahre 1648 wurde ein Weihnachtsmarkt am Rathaus erstmalig urkundlich erwähnt. Die Innenstadt stimmt die Besucher durch Lichterglanz, Weihnachtskonzerte, den durch die Gassen ziehenden Duft von Glühwein und gebrannten Mandeln und den Gedanken an gutes Marzipan auf das Weihnachtsfest ein. Rund zehn Weihnachtswelten gibt es im Dezember in der Stadt. Der Klassiker ist der traditionelle Markt am Rathaus mit seiner unvergleichlichen, historischen, stimmungsvollen Kulisse. Der Einkaufstrubel setzt sich in die Breite Straße fort und die Straße Schrangen zwischen Breite Straße und Königstraße wird zum Sternenwald mit Blick auf St. Marien, zu deren Füßen sich der Märchenwald für Kinder und der historische Weihnachtsmarkt erstrecken. Exzellente Kunsthandwerkermärkte kann man besuchen in der Kirche St. Petri, im Schuppen 6 an der Kaikante, im Hoghehus und im Heiligen-Geist-Hospital, wo allein etwa 130 Künstlerinnen und Künstler ihre Werke in ansprechendem Ambiente anbieten. Auch auf dem Koberg im Viertel der Seefahrer und nicht weit entfernt im Hansemuseum gibt es weitere Märkte. Wer auf diesen Märkten den ganzen Tag unterwegs war, hört die Weihnachtsglocken wahrscheinlich schon läuten.

www.luebeck-tourismus.de/kultur/weihnachtsstadt-des-nordens/weihnachtsmaerkte

10 Entdecken und Genießen
Lübeck

Die Marzipan-Institution der Hansestadt

Ein Besuch der weltberühmten Marzipananbieter Niederegger steht für die meisten Menschen und Gäste der Stadt ganz oben auf dem Zettel. Die gleichbleibende hervorragende Qualität und Riesenauswahl der aus dem Orient stammenden Köstlichkeit aus Mandeln und Zucker haben die von Johann Georg Niederegger vor über 200 Jahren gegründete Firma nicht nur zu einer Lübecker Institution gemacht, sondern auch in aller Welt zu einiger Bekanntheit geführt. Berliner Staatsgästen wird als Geschenk gern eine Niederegger-Marzipantorte überreicht. Echten Schokoladen-, Süßigkeiten- und Marzipanfans schwinden beim Besuch des Ladens die Sinne. Über 300 Produkte befinden sich im Angebot und ein

Marzipanstück gehört ohnehin zu den klassischen Mitbringseln eines Lübeck-Besuches. Im Café des Stammhauses oder im gegenüber liegenden Arkadencafé sollte man sich ein Stückchen aus der Tortenauswahl des Marzipanherstellers gönnen. Einige der Köstlichkeiten wie die Herrentorte, die Baumkuchentorte oder die Makronentorte sind übrigens auch versandfähig. Im 2. Obergeschoß informiert der Marzipan-Salon über die Geschichte der Firma Niederegger und die Bedeutung der Mandelspezialität. Bisweilen finden Vorführungen der kunstfertigen Herstellung und Kolorierung der Marzipanfiguren statt.

Niederegger Lübeck
Breite Straße 89
Gegenüber der Rathaustreppe
23552 Lübeck
T. 0451 53 01-126/-127
www.niederegger.de
Mo-Fr 9-19, Sa 9-18, So 10-18 Uhr

11 Entdecken und Genießen
Lübeck

Üppige Magenbelastung oder himmlische Köstlichkeit?

Original Lübecker Marzipan gibt es nicht nur bei Niederegger, sondern beispielsweise auch im prominent an der Untertrave und nahe dem Holstentor gelegenen Marzipan-Speicher der seit 1995 existierenden Firma Marzipanland. Das seit den 1950er Jahren angebotene Mester Lübecker Marzipan bekommt man im Innenstadt-Ladengeschäft der Firma. Und auch wenn der Schriftsteller Thomas Mann im Zusammenhang mit Marzipan etwas abfällig von „üppiger Magenbelastung aus Mandeln, Zucker und Rosenwasser“ sprach, verbinden die Meisten doch eher süße Genüsse und weihnachtliche Köstlichkeiten mit der bereits ab 1530 in Lübeck urkundlich nachweisbaren Süßigkeit. Zunächst gab es Marzipan übrigens nur in Apotheken, bis es ab 1714 nach einem

Ratsbeschluss auch von Zuckerbäckern und Krämern hergestellt werden durfte. Neben dem Verkauf gibt es Vorführungen, Erläuterungen zur Herstellung und museale Eindrücke in den erwähnten Einrichtungen. Für den erhöhten Marzipanbedarf kann man sich auch vertrauensvoll an den Fabrikverkauf von Niederegger und Mest wenden und dort direkt mit seinem Kleintransporter vorfahren.

Marzipanland
An der Untertrave 97/98 u.
Holstenstr. 40
23552 Lübeck
T. 0451 89 73 939 u. 61 30 33 33
www.marzipanland.de
Di-Sa 10-18 Uhr, So 11-18 Uhr

Mest Lübecker Marzipan
Mühlenstraße 39
23552 Lübeck
T. 0451 70 72 465
www.mest.de
Mo-Fr 10-18, Sa 10-14 Uhr

Mest Fabrikverkauf
Taschenmacherstraße 37, 23556
Lübeck
T. 0451 35 939

Fabrikverkauf:
Niederegger Fabrikverkauf
Zeißstraße 1-7, 23560 Lübeck
Tel.: 0451 53 010

12 **Erleben**
Lübeck

Musikgenuss mit besonderer Akustik und in historischem Ambiente

Die von Bäumen umgebene Aegidienkirche im ehemaligen Handwerker- und Ackerbürgerviertel ist die kleinste der fünf großen Stadtkirchen. Die 1227 erstmalig erwähnte Kirche gehört zur Sieben-Türme-Silhouette Lübecks und kommt heute als dreischiffige Hallenkirche mit schmalen Seitenschiffen daher. Ältestes Stück der Kirche ist eine Christusfigur aus der 2. Hälfte des 13.Jahrhunderts; Altar (1701), Kanzel (1706) und Taufe (1710) stammen aus der Zeit des Barock. Eindrucksvoll ist die Orgelfassade, die zwischen 1624 und 1626 entstand. Einem der sommerlichen Orgel-Konzerte oder Aufführungen der Jugendchöre und des traditionsreichen Lübecker Bach-Chores in St. Aegidien sollte man unbedingt beiwohnen, wenn es passt.

St. Aegidien
Aegidienstraße 75
23552 Lübeck
T. 0451 70 56 22
www.aegidien-kirche-luebeck.de

13 Genießen
Lübeck

Ein guter Start in den Tag

Das Grenadine mit seiner internationalen, mediterran angehauchten Küche ist vor allem für sein Frühstückserlebnis bekannt. Da kann man zufrieden in den Tag starten nach dem Brunch oder Frühstücks-Büfett mit selbstgemachten Brötchen, verschiedenen Aufstrichen, Salaten, Saft, wechselnden mediterranen und klassischen Spezereien sowie leckerem Kaffee und Tee satt. Auch für ein Mittagsmahl oder Abendessen kann man den Bistro-Bereich, den klassischen Tresen oder das Hofgarten-Café aufsuchen und zwischendurch auch mal einen Blick in das beschauliche Treiben in dem 1500 l-Aquarium werfen.

Restaurant Grenadine
Wahmstraße 40
23552 Lübeck
T. 0451 30 72 950
www.grenadine-hl.de
Mo-So 9-15 Uhr, Do-Sa 17-22 Uhr

14 Genießen
Lübeck

Kaffee im Hinterhof

Im Mittelpunkt in diesem Café, Bar und Kneipenrestaurant steht der leckere Kaffee, der mehrmals pro Woche in einem Trommelröster frisch geröstet wird, sei es Kaffee aus Bolivien, Guatemala, Brasilien, Äthiopien oder anderen, mitunter auch ausgefallenen Regionen des Kaffeeanbaus. Man kann sich ein ausgedehntes Frühstück genehmigen oder über den Tag verschiedene Stullen und andere Kleinigkeiten wie Zimtschnecken oder Schokoladenkuchen ordern; dazu natürlich eine besondere Kaffee- oder Tee-Spezialität. Neben der Kaffee Rösterei befinden sich weitere Institutionen in dem soziokulturellen Zentrum wie die Kultur Rösterei, die Werkkunstschule Lübeck, Amnesty International und Greenpeace Lübeck, Buddhistisches Zentrum Lübeck oder das Forum Gesundheit.

Neue Rösterei
Soziokulturelles Zentrum
Wahmstraße 43-45 (Hinterhof)
23552 Lübeck
T. 0451 79 88 10
www.neue-roesterei.de
Di-So ab 9.30 Uhr

15 **Entdecken**
Lübeck

Frisch renovierte Synagoge

Etwas zurückgesetzt und durch massive Eisenstäbe gesichert liegt die 1880 eingeweihte Synagoge in der St.-Annen-Straße. Sie ist eines der wenigen jüdischen Bethäuser, die die Zeit des Nationalsozialismus überstanden haben. Allerdings wurde auch sie bei den Pogromen im November 1938 geschändet, musste an die Stadt verkauft werden und diente als Sporthalle. Die prächtige Fassade und die Kuppel wurden entfernt. Traurig und sehr bedenklich ist es, dass lange nach dem Krieg – Mitte der 1990er Jahre – zwei Brandanschläge durch Rechtsradikale auf die Synagoge verübt wurden. In den letzten Jahren wurde das Gotteshaus umfassend saniert. Die Eröffnung einer Ausstellung zur Geschichte der Juden in Lübeck und die Rabbinerfamilie Carlebach ist in Planung.

Carlebach-Synagoge
St.-Annen-Str. 11-13
23552 Lübeck
Jüdische Gemeinde Lübeck e. V.
T. 0451 79 82 182
www.jg-luebeck.de

16 **Erleben**
Lübeck

Mittelalterliche und Moderne Kunst im Museumsquartier St. Annen

Da sollte man schon ein paar Stunden einplanen, um das St. Annen Museum, das sich mittelalterlicher Kunst und bürgerlicher Wohnkultur in Lübeck widmet, und die Kunsthalle mit moderner und zeitgenössischer Kunst zu durchstreifen. Das 1502-1515 errichtete Augustinerkloster wurde nach der Reformation u. a. als Armenhaus, Zeughaus, Krankenhaus und Erziehungsanstalt genutzt, um endlich 1915 zu einem Museum zu werden. Bedeutsam ist die umfängliche Sammlung von Schnitzaltären, deren bekanntestes Stück der Memlingaltar von 1491 ist, der die Leidensgeschichte Jesu eindrucksvoll darstellt. Hinzu kommen kostbare Gewänder, die nach dem Krieg von Danzig nach Lübeck gelangten, und zahlreiche Ausstellungsstücke zur Wohnkultur vom 16. bis 19. Jahrhundert und völkerkundliche Sammlungen. Das moderne Kunstmuseum ist 2003 auf den Grundmauern der ehemaligen Klosterkirche errichtet worden, wobei noch vorhandene Ruinenreste der 1843 abgebrannten Kirche in den Neubau integriert wurden. Neben Wechselausstellungen wird hier die Kunst nach 1945 präsentiert.

Museumsquartier St. Annen
St. Annen Museum und Kunsthalle St. Annen
St.-Annen-Str. 15
23552 Lübeck
T. 0451 12 24 137
www.museumsquartier-st-annen.de
01.01.-31.03 Di-So 11-17 Uhr
01.04.-31.12 Di-So 10-17 Uhr

17 Erleben
Lübeck

Kleines Bad gefällig?

Ein Bad in der Ostsee, beispielsweise am Travemünder Strand, ist natürlich am Schönsten, aber auch das Stadtgebiet bietet einige Bademöglichkeiten. Das Zentralbad in der Schmiedestraße befindet sich sogar inmitten der Altstadtinsel. Daneben gibt es Freibäder in den Stadtteilen Moisling und Schlutup sowie Hallenbäder in St. Lorenz und Kücknitz. Besonders reizvoll sind die drei Naturbäder der Stadt. Im Drägerpark an der Wakenitz befindet sich das Naturbad Marli mit Strand- und Rasenflächen, Sprunganlage und Wasserrutsche. Ebenfalls an der Wakenitz nahe dem Schulgarten gelegen liegt die denkmalgeschützte Flußbadeanstalt Falkenwiese, die im Stil der Gründerzeit gehalten ist und den besonderen Badegenuss bietet. Auf der Altstadtinsel, nicht weit vom Museumsquartier St. Annen entfernt, bietet das Naturbad am Krähenteich Bademöglichkeiten – und das seit mittlerweile über 150 Jahren.

www.luebecker-schwimmbaeder.de
www.naturbaeder-wakenitz.de
www.naturbad-falkenwiese.info
www.altstadtbad-kraehenteich.de

18 Erleben
Lübeck

Historisches Kneipenambiente

Die Traditionskneipe Im alten Zolln gehört zu den ältesten Wirtshäusern der Stadt und das seit 1589. Im gemütlichen Inneren des Hauses oder auf der Außenterrasse kann man sich der herzhaft deftigen Hausmannskost widmen und dazu eines der sechs angebotenen Biersorten vom Fass genießen. Es gibt täglich wechselndes Stammessen. Und unbedingt erwähnenswert sind natürlich die musikalischen Liveveranstaltungen und Literaturlesungen.

Im alten Zolln
Mühlenstraße 93-95
23552 Lübeck
T. 0451 72 395
www.zolln.de
Mo-Do 16-23 Uhr, Fr u. Sa 16-24 Uhr, So Ruhetag

19 Genießen
Lübeck

Zentrale Lage am Wasser

Der Mühlenteich ist ein künstlich angelegtes Gewässer, das früher zum Betrieb anliegender Getreidemühlen genutzt wurde. Heute bietet der Teich zusammen mit den nahe gelegenen Wallanlagen schöne Möglichkeiten für Spaziergänge am Rande der Altstadt. Das am Teich gelegene gleichnamige Hotel bietet einen herrlichen Blick über den Mühlenteich und zum Dom. Die Innenstadt ist schnell erreichbar. Neben den Doppel- und Einzelzimmern bietet das Haus auch zwei Ferienwohnungen für bis zu vier Personen mit Balkon zum Mühlenteich.

Hotel Am Mühlenteich
Mühlenbrücke 6
23552 Lübeck
T. 0451 77 171
www.muehlenteich.com

20 Erleben
Lübeck

Gehen wir doch mal ins Kino

Die Stadthalle Lübeck am Mühlendamm ist ein imposanter Bau, der im Jahre 1903 für Veranstaltungen erbaut wurde. Selbst nach Umbauten erwies sich die Halle allerdings nicht als ausreichend geeignet und rentabel. Bereits im Jahr 1919 wurde es dann zu einem Lichtspieltheater, was es – mit Unterbrechungen – geblieben ist. Heute finden wir dort das Cinestar Lübeck-Stadthalle, ein modernes Kino, in dem die aktuellen Filme und auch 3-D Produktionen gezeigt werden. Das Kommunale Kino (KOKI) in der Mengstraße trägt zur Kultur- und Filmangebotsvielfalt der Stadt bei und bietet Filme, die im kommerziellen Angebot der großen Kinos nicht zu sehen sind: kleinere Produktionen, fremdsprachige Filme im Original und Kinder- und Jugendfilme. Das Haus in der Königstraße wurde in den 1950er Jahren als City Kino erbaut und erhielt nach Renovierungen im Jahre 2006 den heutigen Namen Filmhaus. Es bietet ein gehobenes Filmangebot und ist durch weitere Veranstaltungen, vor allem Poetry-Slams bekannt.

Lichtspielhäuser der Stadt
www.cinestar.de/kino-luebeck-stadthalle
www.kinokoki.de
www.slamarama.de

21 Genießen
Lübeck

Frisch gepresster Saft und schmackhafte Burger

Die Philosophie des Restaurants: innovative und nachhaltige Produkte, höchste Qualität, fairer Preis und hervorragender Service. Was will man mehr? Da lohnt sich wohl ein Besuch! Die frisch gepressten Säfte und ebenso frisch zubereiteten Burger sind ein Genuss. Vom einfachen Hamburger Solo bis zum Double Chilli Cheese Burger, gibt es eine breite Palette und auch vegane und vegetarische Burger wie der Veggi Bean Burger sind im Angebot. Bei den Säften kann man einen einfachen Orangensaft ordern, aber vielleicht sollte man auch mal den mit Spinat, Staudensellerie und Apfel (Popeye), Orange, Apfel, Karotte und Zitrone (4 Power) oder den aus Spirulina Alge, Apfel, Zitrone und Honig (Spirulina Power) ausprobieren?

Leo's Juice & Burger
Mühlenstraße 49
23552 Lübeck
T. 0451 39 77 45 90
www.juiceandburger.de
Di-Sa 12-22 Uhr, So 13-21 Uhr, Mo Ruhetag

22 Entdecken
Lübeck

Die älteste Backsteinkirche der Stadt

Die beiden 114 m hohen Türme des Doms ragen eindrucksvoll über den Mühlenteich und tragen zur 7-Türme-Silhouette der Stadt bei. Der Dom gilt als erster großer Backstein-Sakralbau an der Ostsee. Die 1247 geweihte Kirche ist zudem die älteste der Stadt. Die Grundsteinlegung erfolgte geraume Zeit vorher im Jahre 1173 durch Herzog Heinrich der Löwe (1129/30 oder 1133/35–1195), der zu gleichen Veranstaltungen auch am Braunschweiger, Schweriner und Ratzeburger Dom unterwegs war. Die eindrucksvolle Kirche ist mit einer Länge von 130 m eine der längsten der Welt. Schwärzester Tag war der Bombenangriff am Palmsonntag 1942, an dem auch der Dom ausbrannte. Vieles aus dem Innern konnte gerettet werden. So dominiert auch heute wieder das 17 m hohe Triumphkreuz von Bernt Notke (1435-1509) aus

dem Jahr 1477. Es ist als Lebensbaum gestaltet und mit etwa 70 weiteren Figuren geschmückt. Verschiedene Altäre, der Lettner, Maria-Figuren und diverse weitere Kunstschätze sind im Dom zu besichtigen. Im Nordturm informiert eine Dauerausstellung über die bewegte Geschichte der Kirche. Lohnend ist es, einem der Konzerte, einem Gottesdienst, Chorgesängen oder Orgelklängen in der mächtigen Halle beizuwohnen.

Dom zu Lübeck
Mühlendamm 2
23552 Lübeck
T. 0451 74 704
www.domzuluebeck.de
tgl. 10-16 Uhr

23 **Erleben**
Lübeck

Von Walen und Wasserlebensräumen

Das naturkundliche Museum der Stadt beschäftigt sich mit den Lebensräumen, ihren Bewohnern und der Landschaftsentwicklung in der Region, aber das leitet mühelos auch zu den großen Themen wie Erdgeschichte, Naturkunde, Biodiversität, Ökologie, Klimaentwicklung und Weitere über. Die europaweit bedeutenden Originalfunde von versteinerten Walen, Haien und anderen Organismen aus der näheren Umgebung werden gezeigt und interessante Einblicke in die Erd- und Organismengeschichte gegeben. Die Wasserlebensräume der Umgebung wie Wakenitz, Trave und Ostsee mit ihrer Tier- und Pflanzenwelt werden ausführlich vorgestellt. Zahlreiche Präparate, Modelle und Schautafeln stellen den Besuchern verschiedene Aspekte der heimischen Flora und Fauna und ökologische Zusammenhänge vor. Ergänzt wird das vielfältige Informations- und Lehrangebot durch interessante Wechselausstellungen, Führungen, zahlreiche museumspädagogische Veranstaltungen und Vorträge. Einen Besuch des Museums-Cafés, das nach dem Lübecker Arzt Johann Julius Walbaum benannt ist, der den Grundstock für das Naturkundemuseum im Jahre 1799 lieferte, sollte man sich nicht nehmen lassen. Man kann dann bei regional-saisonalen Spezialitäten oder Kaffee und Kuchen gemütlich im Domhof sitzen und auf das 14 m lange Skelett eines Pottwals blicken.

Museum für Natur und Umwelt
Musterbahn 8
23552 Lübeck
T. 0451 12 24 122
T. Walbaum-Café 0451 49 02 56 650
www.museum-fuer-natur-und-umwelt.de
Di-Fr 9-17 Uhr, Sa u. So 10-17 Uhr, Montag geschl.

24 Entdecken
Lübeck

Interessante Wanderung zur Stadtökologie

Am Museum für Natur und Umwelt und seinem Immengarten, wo es um das Thema Bienen und Blütenbesuch geht (Station 1), startet und endet der Stadt-Öko-Pfad der Stadt Lübeck. Er führt auf einer Strecke von 2,5 km durch das Dom-Viertel und die benachbarten Wallanlagen. An den insgesamt 11 Stationen erläutern Tafeln (mit QR-Codes für weitere Informationen) interessante Aspekte zur Stadtnatur und Stadtökologie. Weitere Stationen sind neben dem Mühlenteich, alte Parkbäume, eine 500 jährige Eiche, die Wallanlagen und der Stadtgraben. An der Obertrave ist eine Wasser-Ausstiegshilfe für Fischotter zu beobachten und über die Straße Hartengrube mit Hinweisen auf das Tier- und Pflanzenleben eines Straßenzuges geht es über die Stationen zur ökologischen Bedeutung des Fassadengrüns in der Stadt und die Lebewelt in alten Mauerritzen zurück zum Dom und Museum.

Öko-Stadt-Pfad Lübeck
Hansestadt Lübeck
Bereich Umwelt-, Natur- und Verbraucherschutz
Kronsforder Allee 2-6
23562 Lübeck
T. 0451 12 23 969
www.unv.luebeck.de
www.luebeck.de/de/stadtleben/freizeit/natur-erleben/erholung-naturerleben/naturerlebnispfad/index.html

25 Entdecken und Erleben
Lübeck

Wissenschaft spielerisch erleben

Und weil es mit dem Ökologie-Pfad so schön geklappt hat, können wir uns sogleich auf den nächsten Stadtweg, den Wissenschaftspfad, begeben. Dieser führt an 10 Stationen zum Ausprobieren und Entdecken durch die Altstadt. Am Museum für Natur und Umwelt steht mit der Station 10 das Möbiusband, eine Endlosschleife mit nur einer durchgehenden Kante und einer Fläche. Weitere Themen der Strecke sind beispielsweise Chaospendel, Zentrifuge, Abakus

und Hörmuschel. Mit dem Kaleidoskop am Burgtor (Station 1) startet die Tour. Weitere Exponate stehen in allen Stadtteilen Lübecks. So finden wir beispielsweise in St. Gertrud die Camera obscura, in Moisling die Riesenwippe, in St. Lorenz Süd die Pixelwand oder in Buntekuh das Schallrohr.
www.luebeck.de/de/stadtleben/kultur/wissenschaftspfad/index.html

26 Genießen
Lübeck

Flammkuchen in der Alten Roggenmühle
Am Mühlenteich, einem in früheren Jahrhunderten künstlich aufgestauten Gewässer, standen dereinst mehrere Wassermühlen, die vor allem zum Getreidemahlen im Einsatz waren. In einer alten Roggenmühle, die als Kulturdenkmal von besonderer Bedeutung gilt, befinden sich heute Weinkeller, Biergarten, Café, Bistro und Kneipe Alte Mühle. Neben Steaks, Fisch und Salaten gibt es in dem Restaurant vor allem Flammkuchen im Angebot. Es gibt sie mit und ohne Fleisch, gern auch pikant mit Sambal Olek. Die Gäste können im gemütlichen Keller oder im Hecken umsäumten Garten sitzen. Ein besonderer Schwerpunkt liegt beim Weinangebot. Der umfänglichen Auswahl wird ein Goethe-Zitat vorangestellt: „Das Leben ist zu kurz, um schlechten Wein zu trinken." In diesem Sinne: Zum Wohlsein!

Restaurant Alte Mühle
In der Alten Roggenmühle am Dom
Mühlendamm 24
23552 Lübeck
T. 0451 70 72 592
www.altemuehle-luebeck.de
Mo-Sa 16-23 Uhr

27 Erleben und Genießen
Lübeck

Musiker-Ausbildung in Lübeck

Die Standorte der Lübecker Musikhochschule sind über die Stadt verteilt: Neben dem Hauptsitz in der Großen Petersgrube, der aus einem Ensemble von 22 Kaufmannshäusern besteht, gehören die Holstentorhalle und die Villa Brahms (ehemals Villa Eschenburg) nördlich der Altstadt zur Musikschule. Bereits seit 1911 entwickelte sich die professionelle Musikausbildung in der Hansestadt und seit 1973 besitzt die Einrichtung den Status einer Hochschule und ist der einzige Ausbildungsort für Musikberufe in Schleswig-Holstein. Die Musikhochschule ist mit über 350 Veranstaltungen im Jahr auch der größte Konzertveranstalter im Lande. Da sollte also für jeden Musikfreund etwas dabei sein, wenn in den Konzertsälen an der Obertrave, in der Holstentorhalle, im Brahms-Institut oder in einer der Lübecker Kirchen wieder einmal aufgespielt wird. Es gibt Sinfoniekonzerte, Opern, Popkonzerte, Choraufführungen, Prüfungskonzerte und vieles mehr. Das seit 1992 jährlich stattfindende renommierte Brahms-Festival widmet sich unter einem jeweils anderen Motto ganz dem berühmten, in Hamburg geborenen Komponisten Johannes Brahms.

Musikhochschule Lübeck
Große Petersgrube 21
23552 Lübeck
T. 0451 15 050 u. 15 05 105
www.mh-luebeck.de

28 Erleben
Lübeck

Tretboot war früher

In früheren Zeiten musste man noch arbeiten und konnte sich ein Tret- oder Ruderboot ausleihen. Heute fährt man in Lübeck mit einem geräusch- und emissionsfreien Elektroboot der Firma Boat now über Stadt- und Kanaltrave, Stadtgraben sowie über Wall-, Hansa- und Klughafen. Die Buchung erfolgt nur online, oder – wenn ein Boot frei ist – direkt am Steg. Ein Führerschein ist nicht notwendig, aber

der Bootsführer muss mindestens 18 Jahre alt sein (Personalausweis mitbringen). Dann kann man beschwingt zu Zweit (bis maximal 6 Personen) gemächlich mit sechs km/h die Lübecker Gewässer entlang gleiten.

Boat now
An der Obertrave/Ecke Marlesgrube
23552 Lübeck
T. 0152 53 75 40 42
www.boatnow-luebeck.de

29 **Erleben**
Lübeck

Lübeck vom Wasser aus erleben

Die Lübecker Altstadt ist eine Insel und lässt sich per Schiff hervorragend umrunden. Für eine nette Schiffstour, um die Stadt von der Wasserseite aus kennenzulernen, gibt es eine Reihe von Anbietern einer Stadt-, Kanal- und Hafenrundfahrt. Wer die Wahl hat, hat die Qual! Alle umrunden auf ihrer etwa einstündigen Fahrt die Altstadt und geben Erläuterungen zu den Sehenswürdigkeiten und Besonderheiten. Die Quandt Linie fährt mit sieben modernen Schiffen und besitzt Anlegestellen an den Holstentorterrassen, an der Musik- und Kongresshalle (MUK) und am Hansemuseum/Klugtreppe. Die City Schifffahrt H. Gabriel legt an der Untertrave in unmittelbarer Nähe des Holstentores sowie an der Untertrave nahe der Fußgängerbrücke an. Der dritte im Bunde ist die Lübecker Barkassenfahrt Stühff, die nahe der Liebesbrücke an der Obertrave an- und ablegt. Sie fährt mit den Oldtimern Gaby Stühff, die 1940 in Stettin gebaut wurde, und der Adolf Stühff, einer ehemaligen Hamburger Hafenbarkasse. Es werden von allen auch Sonder- und Charterfahrten durchgeführt und andere Ziele wie nach Dassow in Mecklenburg oder zum Elbe-Lübeck-Kanal angesteuert.

Stadt-, Kanal- und Hafenrundfahrten

Quandt-Linie Lübeck
T. 0451 77 799
www.quandt-linie.de
City Schifffahrt H. Gabriel
T. 01 70 81 74 332
www.cityschifffahrt.de
Lübecker Barkassenfahrt Stühff
T. 0451 70 78 222 u. 01 71 52 45 493
www.luebecker-barkassenfahrt.de

30 Erleben
Lübeck

Cabrio-Rundfahrt durch die Stadt

Um sich einen ersten Überblick über eine Stadt zu verschaffen, bietet sich immer eine kleine Stadtrundfahrt an. In Lübeck besteht die Möglichkeit, mit dem knallroten offenen Doppeldeckerbus der Lübeck-Travemünder Verkehrsgesellschaft eine 50 minütige Fahrt durch die Altstadt und die nördlichen Randbereiche zu unternehmen. Informationen gibt es aus dem Kopfhörer über ein GPS-gesteuertes Audio-System. Man kann zwischen sieben Sprachen auswählen. Der Cabrio-Bus startet während der Saison mehrmals am Tag an der Haltestelle Untertrave/Holstentorbrücke und die Kombination mit einer Schiffs-Kanal- und Stadtrundfahrt ist möglich.

Stadtrundfahrt

Stadtverkehr Lübeck GmbH
Ratekauer Weg 1-7
23554 Lübeck
T. 0451 88 80
www.luebeck-tourismus.de/altstadt/erlebnisse/stadtrundfahrten
Stadtwerke Lübeck Mobil
www.sv-luebeck.de/de/freizeit/open-air-bus.html
tgl. 1. Mai bis 31. Oktober, 1. April bis 30. April nur an Wochenenden u. Feiertagen

31 Erleben
Lübeck

Stadtrundfahrt der besonderen Art

Amphibien sind Kriechtiere, die sowohl an Land wie auch im Wasser leben. In Lübeck gibt es einen Bus, der sich ähnlich verhält und eine unvergessliche Stadtrundfahrt für die Besucher anbietet. Der Amphibien-Bus der Firma Splashtour zeigt in einer 60 minütigen Fahrt die Ansicht der Stadt vom Wasser und von Land aus. Spektakulärer Moment ist natürlich, wenn der Bus auf den Stadtgraben zufährt, alle Fahrgäste unruhig auf den Sitzen hin und her rutschen und nach einem möglichen Ausstieg Ausschau halten und der Bus mit einem Splash ins Wasser rauscht. Sodann wird die Fahrt ganz amphibisch als Schwimmbus fortgesetzt. Die Tour startet an der Untertrave/Ecke Mengstraße.

Splashtour Lübeck
Wallstraße 17
23560 Lübeck
T. 0170 81 74 332
www.splashtour-luebeck.de

32 Genießen
Lübeck

Noble Übernachtung mit Blick auf Lübeck

Das Hotel Radisson Blu liegt äußerst günstig nahe der Musik- und Kongreßhalle direkt an der Untertrave mit Blick auf die Altstadtsilhouette. Das nach der Klassifizierung des Deutschen Hotel- und Gaststättenverbandes mit fünf Sternen ausgezeichnete Hotel besitzt 224 noble Zimmer und Suiten. Bibliothek, Schwimmbad und Saunen sind vorhanden und Meetings und Events sind mit bis zu 800 Teilnehmern möglich. Einige Restaurants und Bars gehören dazu, wie das Nautilo mit internationalen Spezialitäten, die Bier- und Weinstube Kogge mit typisch norddeutschen Gerichten und das Café/Bar Dante in der Hotelhalle. Das La Baccara mit italienischen Speisen befindet sich im gegenüber liegenden Schwesterhotel Park Inn by Radisson. Für die ganz noble Übernachtung bietet sich die Präsidentensuite an, die sich bei einem Preis von 1.000 € aufwärts pro Nacht bewegt.

Radisson Blu Senator Hotel
Senator Hotel GmbH & Co. KG
Willy-Brandt-Allee 6
23554 Lübeck
T. 0451 14 20
www.radissonhotels.com/de-de/hotels/radisson-blu-luebeck

33 Genießen
Lübeck

Für Gourmetfreunde eine der ersten Adressen der Stadt

In dem altehrwürdigen Patrizierhaus von 1585 in der Beckergrube kann man vornehm speisen. Das nach dem glücklosen Lübecker Bürgermeister Jürgen Wullenwever, der nach seiner Absetzung im Jahre 1537 sogar hingerichtet worden ist, benannte Restaurant gehört zu den besten gastronomischen Einrichtungen der Stadt. Der gute Service und das hervorragende Essen, das sich vor allem der heimischen Küche mit einzelnen internationalen Einflüssen widmet, werden allseits sehr gelobt. Zu den wechselnden Menüs gibt es eine exquisite Weinauswahl aus führenden Lagen Europas und der neuen Welt und die dazu gehörige Beratung, zur richtigen Auswahl aus den etwa 350 Positionen des Weinkellers. Neben den stilvoll eingerichteten Innenräumen lädt auch ein schöner Innenhof zum Verweilen ein, wo man gemütlich, stimmungsvoll illuminiert, unter Segeltuch zwischen prächtigen Pflanzenkübeln und mit plätscherndem Brunnen speisen kann.

Wullenwever
Beckergrube 71
23552 Lübeck
T. 0451 70 43 33
www.wullenwever.de
Mi-Sa ab 19 Uhr, So u. Mo geschlossen, Di für Gruppen.

34 Entdecken Lübeck

Lust am Lesen

Inhabergeführte Buchhandlung gegenüber dem Lübecker Theater. Großes Angebot auf relativ kleinem Raum. Eine besondere Buchhandlung. Wie aus einer anderen Zeit.

Buchhandlung Langenkamp

Beckergrube 19
23552 Lübeck
T. 0451 7 64 79
www.langenkamp.buchhandlung.de

35 Entdecken Lübeck

Zeitzeugen der Seeschifffahrt

Eine ganze Flotte liebevoll restaurierter Schiffs-Oldtimer liegt am Wendlitzufer/An der Untertrave zwischen Fußgängerbrücke an der Musik- und Kongresshalle und der Drehbrücke zur Altstadt hinüber. Der Lübecker Museumshafen wird seit 1981 von dem Verein Museumshafen zu Lübeck betrieben. Um die 20 Traditionssegler und historische Wasserfahrzeuge haben an der Altstadtinsel ihren Liegeplatz. Der Motorschlepper Titan (Baujahr 1910), der Eimerkettenbagger Wels (1936) und das Festmacherboot Tender (1945) sind im

Besitz des Vereins. Diverse unterschiedliche Traditionssegler liegen am Kai (so sie nicht unterwegs sind) wie beispielsweise der Besanewer Johanne (1905), die Galeasse Friedthjof (1881), die Gaffelketsch Hansine (1898) oder die Hochseeketsch Sindbad (1930). Manche der Schiffe kann man für Touren chartern oder an angebotenen Fahrten teilnehmen. Auch eine Fahrt mit dem nachgebauten Hanseschiff Lisa von Lübeck ist ein besonderes Erlebnis.

Museumshafen
Willy-Brandt-Allee 35
23554 Lübeck
T. 0451 40 08 399
www.museumshafen-luebeck.org
www.hanseschiff-luebeck.de

36 Erleben
Lübeck

Lübeck vom Wasser aus

Auf den zahlreichen Lübecker Gewässern und Kanälen fahren nicht nur Ausflugsschiffe, Tret- und Elektroboote, sondern es gleiten auch immer wieder gemächlich Stand-Up-Paddler (SUP) auf ihren Brettern oder Kajaks vorbei. Beim Paddelpoint Lübeck, bei der Surf- und SUP-Schule Wakenitz und bei der Bootsvermietung Hübner lassen sich unterschiedliche Wassersportgeräte (auch Kanus, Tretboote, Ruderboote) mieten. Dann kann man auf eigene Faust die Lübecker Altstadt vom Wasser aus erkunden. Besonders reizvoll ist eine Tour auf der Wakenitz, dem ehemaligen Grenzverlauf zwischen Ost- und Westdeutschland. Die Wakenitz-Tour kann man dann sogar als längere Fahrt bis nach Rothenhusen oder bis in den Ratzeburger See fortsetzen.

Kajak- und SUP-Verleih
www.paddelpoint-hl.de
www.surf-center.de
www.bootsvermietung-luebeck.de

37 Genießen
Lübeck

Das Restaurant mit eigenem Hafen

Durchaus maritim gelegen und vom Wasser umgeben liegt das Newport auf der Wallhalbinsel und man kann stilecht mit seiner Yacht vorfahren. Es gibt bis zu 50 Liegeplätze im Gästehafen (Bootslänge bis 30 m). Der Ausblick gen Altstadt und zu den alten Kähnen des Museumshafens hinüber ist eindrucksvoll. Es gibt ein ausgiebiges Frühstücksbuffet, eine regional geprägte Küche mit jahreszeitlichen Spezereien und wechselndem Mittagstisch, ausgewählte Fisch- und Fleischgerichte und auch vegetarische Speisen. Den Abend kann man dann an der Bar bei einem erlesenen schottischen oder irischen Whisky ausklingen lassen.

Restaurant & Marina The Newport
Willy-Brandt-Allee 31 a
23554 Lübeck
T. 0451 16 08 53 50
www.the-newport.de
Mo-Sa 17-23 Uhr

38 Genießen
Lübeck

Speisen im museal-historischen Ambiente

Der Lübecker Bäcker- und Konditormeister Heinrich Schabbel war recht erfolgreich und konnte nach seinem Tod im Jahre 1904 der Stadt ein beachtliches Erbe hinterlassen, versehen mit der Auflage, ein Museum für Lübecker Altertümer einzurichten. Es entstand das Schabbelhaus, das nach Zerstörungen im Zweiten Weltkrieg an seinen heutigen Standort zweier lübischer Kaufmannshäuser in der Mengstraße verlegt worden ist, die auch im Jahre 2019 von der Lübecker Kaufmannschaft und der Schabbelstiftung nochmal grundlegend renoviert wurden. Die Bausubstanz dieser

Häuser geht auf die Jahre 1285-1313 zurück. So kann man heute im historischen und gediegenen Ambiente mit antikem Mobiliar, bei dem beispielsweise die Stühle mit Rosshaar bezogen sind, gepflegt speisen. Es wird eine gehobene deutsche Küche geboten, bei der der Kabeljau aus klaren, norwegischen Gewässern stammt und das Rindfleisch vom „besten Rinderzüchter der Welt", wie es in der Hauswerbung heißt.

Schabbelhaus zu Lübeck
Mengstraße 48-50
23552 Lübeck
T. 0451 72 011
www.schabbelhaus-luebeck.webflow.io
Di-Sa 17-23 Uhr,
So, Mo Ruhetag

39 Erleben
Lübeck

Erlebte Weltliteratur

Das weiß getünchte Haus in der Mengstraße 4 ist ein Schmuckstück in der Lübecker Innenstadt und weltbekannt. Es ist der Stammsitz der Familie Mann gewesen, Schauplatz des Jahrhundertromans Buddenbrooks und seit 1993 eines der erfolgreichsten Literaturmuseen Deutschlands. Auch wenn die Lübecker lange Zeit mit einem ihrer berühmtesten Bürger und der gesamten Dichterdynastie fremdelten, so blicken sie doch inzwischen mit einigem Stolz auf die Schriftstellerfamilie und Thomas Mann selbst, der zu seinem Vaterhaus einmal sagte: „Ich habe zu Ehren meiner Vaterstadt und meiner Familie auf meine Art ebensoviel getan wie mein Vater, der vielleicht in Lübeck noch nicht ganz vergessen ist, auf seine Art getan hat. Ich habe in hunderttausenden Deutschen Teilnahme für lübeckisches Wesen geweckt, ich habe die Augen von hunderttausenden von Menschen auf das alte Giebelhaus in der Mengstraße gelenkt [...]." Das Museum bietet erlebbare Literatur und ist Sitz mehrerer Gesellschaften, die sich mit den beiden Dichterbrüdern Heinrich und Thomas und der Familie Mann beschäftigen, beherbergt eine umfassende Bibliothek und ein bedeutsames Archiv. Zurzeit ist das Museum, das um das Nachbarhaus erweitert werden soll, wegen Renovierungen geschlossen. Voraussichtlich im Jahr 2028 wird das neue und flächenmäßig verdoppelte Buddenbrookmuseum mit neuem museumspädagogi-

schem Konzept wieder eröffnet. Bis dahin ist das Buddenbrookhaus mit Sonderausstellungen zu Gast im Museum Behnhaus in der Königstraße und am Markt gibt es ein Infocenter und einen Museumsshop.

Buddenbrookhaus
Heinrich-und-Thomas-Mann-Zentrum
Mengstraße 8
23552 Lübeck
T. 0451 12 24 190
www.buddenbrookhaus.de
www.buddenbrookshop.de
bis voraussichtlich 2028 wegen Renovierung geschlossen

40 Erleben Lübeck

Die Mutterkirche der nordeuropäischen Backsteingotik

Das 38,5 m hohe Backsteingewölbe im Mittelschiff von St. Marien gilt als das höchste der Welt und bis 1880 (Fertigstellung des Kölner Domes) besaß die Kirche mit ihren 125 m hohen Türmen lange Zeit die höchsten Doppelkirchtürme der Welt. Die 1350 fertiggestellte gotische Basilika basierte auf zwei Vorgängerbauten und heute vereinigen sich Elemente von Gotik, Rennaissance, Barock und Moderne in der Kirche. Die Rats- und Bürgerkirche hatte stets enge Verbindungen zur Kaufmannschaft und galt als Symbol für Macht und Wohlstand in der Stadt, gelegen am höchsten Punkt der Altstadtinsel, nahe dem Rathaus. Leider wurde die Kirche bei dem Luftangriff 1942 erheblich zerstört und das meiste wertvolle Inventar fiel den Flammen zum Opfer. Die in der Nacht des Palmsonntags herabgestürzten Glocken erinnern auch heute noch, liegen gelassen auf dem Boden der Südturmkapelle, als Mahnmal gegen den Krieg, aber auch für Frieden und Versöhnung, genauso wie das Nagelkreuz aus Coventry. Durchstreifen Sie das eindrucksvolle Bauwerk, besichtigen die Toten-

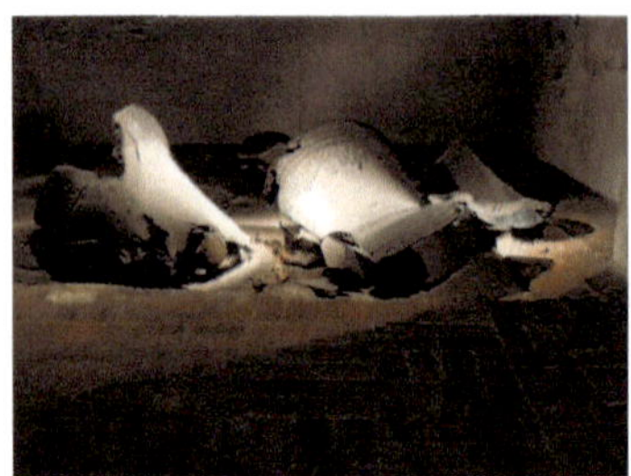

tanzkapelle und die Astronomische Uhr und vielleicht ergibt sich die Möglichkeit an einer Führung mit Turmbesichtigung (Ausblick in 60 m Höhe) teilzunehmen oder der Besuch einer der zahlreichen musikalischen Veranstaltungen. Die Lübecker Abendmusik in St. Marien gilt als die älteste Konzertreihe der Welt.

St. Marien Kirche
Gemeindebüro
Marienkirchhof 2-3
23552 Lübeck
T. 0451 39 77 00
www.st-marien-luebeck.de
Mo-Sa 10-16 Uhr, So 11-16 Uhr

41 Erleben
Lübeck

Raus aus dem Zimmer

Eine neue Freizeitaktivität hat sich in den letzten Jahren in vielen Städten entwickelt, die sogenannten Live Escape Games oder Escape Rooms. Dabei geht es darum, in einem kleinen Team von meist 2-6 Personen, eingesperrt in einem Raum, in einer bestimmten Zeit (meist eine Stunde) eine knifflige Aufgabe zu lösen, um beispielsweise diesen Raum wieder verlassen zu können. In Lübeck gibt es aktuell drei Veranstalter, die solche Spiele anbieten. Es gibt eine authentische Szenerie, integrierte Technik und verschiedene Schwierigkeitsgrade. Dann man los! Es fördert auf jeden Fall die Geschicklichkeit, die Teamfähigkeit, das Kombinations- und Denkvermögen, um dem Raum wieder zu entfliehen.

Live Escape Games

Key Zone
Beckergrube 43-47
23552 Lübeck
T. 0451 58 66 101
www.key-zone.de/escape-room-luebeck

Final Escape
Schlüsselbuden 30
23552 Lübeck
T. 0451 12 01 52 40
www.final-escape.com/luebeck

Vegas Escape Rooms
Brockestraße 65
23554 Lübeck
T. 0162 98 06 452
www.vegas-escape.de

42 Entdecken
Lübeck

Lübecker Einkaufserlebnisse

Lübeck ist auch eine Einkaufsstadt, in der man durchaus das

Eine oder Andere, was man schon lange gesucht hat, zu finden vermag, oder man lässt sich inspirieren. Zwei Einkaufszentren, die auch bei schlechterem Wetter regensicher besucht werden können, liegen etwas außerhalb: Das LUV Shoppingcenter mit über 50 Geschäften im Stadtteil Dänischburg und der Citti-Park Lübeck mit mehr als 90 Geschäften im Gewerbegebiet Herrenholz in Moisling. Auch in der Altstadt gibt es überdachte Einkaufszentren wie in der Königstraße das Haerder-Center und den Lichthof. Erlebnisreicher ist es aber wohl die Breite Straße, die Glockengießerstraße, die Fleischhauerstraße, die Wahmstraße oder vor allem die Hüxstraße entlang zu flanieren. Letztere gilt als besonders charmante Einkaufsstraße und bietet eine bunte Mischung aus Mode- und Delikatessengeschäften, gastronomischen Einrichtungen, Galerien sowie Geschenk-, Schmuck- und Einrichtungsutensilien sowie diversen weiteren Angeboten.

Einkaufen

www.luvshopping.de
www.citti-park-luebeck.de
www.haerder-center.de
www.lichthof-luebeck.de
www.die-huexstrasse.de

43 Genießen
Lübeck

Auf einen Kaffee in der Hüxstraße

Wenn wir in die Hüxstraße einbiegen, bieten sich zwei besonders nette Einrichtungen an, um einen gepflegten Kaffee zu genießen. Im Kaffeehaus in der Nr. 34 wird der Kaffee selbst geröstet, zudem auch die Kuchen, Schokoladen und Kleingebäckteile selbst hergestellt. Die Französische Schoko-Tarte oder den New York Cheesecake sollte man probiert haben, und weil es so schön war, kann man sich aus dem Shop noch einige Pralinen, Schokoladen aus der hauseigenen Manufaktur oder frisch gerösteten Kaffee mit auf den Weg nehmen. Etwas weiter die Hüxstraße runter in der Nr. 94 gelangen wir zu der gemütlichen, innovativen und unkomplizierten Cafébar. Hier gibt es Barrista Kaffee vom Feinsten und selbstgebackenen Kuchen sowie kleine Leckereien und Superfood. „Familie kann man sich nicht aussuchen, seine Bar schon", heißt es in der Werbung der Cafébar. Und nach dem Frühstück oder dem nachmittäglichen Kaffee können wir am Abend wiederkommen. Dann wird das Café zur Bar, und wir können noch einen ebenso gemütlichen Cocktail schlürfen.

Kaffeehaus
Hüxstraße 35
23552 Lübeck
T. 0451 70 98 48 10
www.kaffeehaus-luebeck.de
Mo-Fr 10-18 Uhr, Sa-So 9-18 Uhr

Cafébar
Hüxstraße 94
23552 Lübeck
T. 0451 70 78 23 00
www.cafebar-hl.de
Mo-Do 9-22 Uhr, Fr u. Sa 9 Uhr bis open end. So 10-18 Uhr

44 Entdecken
Lübeck

Ein ganz besonderes Programm

Deutscher Buchhandelspreis 2016 und 2018. Die Adresse für unruhige und schöne Geister und andere Passanten mit einer umfangreichen Auswahl an internationalen Büchern und Ausstellungskatalogen zu Kunst, Fotografie, Architektur, Landschaftsplanung, Innenraum- und Gartengestaltung, Kunsthandwerk, Mode, Grafik + Design.

Buchhandlung MaKULaTUR
Hüxstraße 87
23552 Lübeck
T. 0451 7 07 99 71
www.makulatur.com

45 Genießen
Lübeck

Vornehm Speisen in der Hüxstraße

Nobel einkehren kann man in der Hüxstraße und benachbarten Straßenzügen ebenfalls. Wir nennen hier beispielhaft das Restaurant Miera. Wie wäre es zum Beispiel mit Holsteiner Frischling, Entenkeule in Orangensoße, Wolfsbarschfilet oder Wirsingrouladen und vorweg eine knusprige Coca (spanische Pizza)? Im Sommer kann man im schönen Innenhof sitzen. Im Online- oder Feinkost-Shop werden hausgemachte Soßen und Nudeln, Kaffee und Espresso aus der Neuen Rösterei in Lübeck und andere Produkte angeboten. Für Veranstaltungen und Feste gibt es einen Catering- und Bufett-Service. Es gibt auch eine Weinhandlung, die von der Zeitschrift Feinschmecker zu einer der besten Deutschlands erkoren wurde.

Miera-Feinkost-Bistro-Restaurant-Weinbar
Hüxstraße 57
23552 Lübeck
T. 0451 77 212
www.miera-restaurant.de
Di-Sa ab 11.30 Uhr

46 Entdecken
Lübeck

Den Alltag vergessen

Viele Wege in Lübeck führen in die historische Altstadt, in derem Herz die Hüxstraße als die schönste Einkaufsstraße der Stadt liegt, mit Fassaden aus dem 16. bis 18. Jahrhundert und individuellen Ladengeschäften.

Arno Adler Buchhandlung und Antiquariat
Hüxstraße 55
23552 Lübeck
T. 0451 74 466
www.arno-adler.de

47 Genießen
Lübeck

Schon gefrühstückt?

Wer morgens in Lübeck einmal keine Lust zur Frühstückszubereitung hat kann sich ins Café Calma in der Hüxstraße aufmachen. Dort gibt es verschiedene Frühstücks-Variationen vom einfachen Calma-Frühstück bis zum Kaiser-Frühstück, wo dann diverse Salate, Lachs, Schinken, Käse, Rührei mit Bacon und Bratwurst sowie weitere Spezereien dazu gehören. Für Käsefreunde gibt es das Käse-Frühstück, für Küstenfreunde das Kutter-Frühstück mit Fisch und Meeresfrüchten. Auch warmes Frühstück als Englisches Frühstück oder Bauernfrühstück ist möglich. Und wer nach durchzechter Nacht in der Hüxstraße landet, kann sich ein Kater-Frühstück mit zwei Matjes und Bratkartoffeln genehmigen.

Café Calma
Hüxstraße 67
23552 Lübeck
T. 0451 72 729
www.cafecalma.de
Mi-Fr 9-13 Uhr, Sa 9-14 Uhr

48 Entdecken
Lübeck

Kunst in der Hüxstraße

In Lübeck gibt es nicht nur ein umfängliches Kunstangebot, sondern auch eine ebensolche Fülle von Galerien und Ateliers. Da kann man ruhig mal durch die Straßen streifen. Wir gehen hier beispielhaft einmal durch die Hüxstraße und entdecken z. B. die Galerie Koch-Westenhoff mit Kunst des 20. und 21. Jahrhunderts, Gemälde, Aquarelle, Grafiken, Plastiken und mehr. Die Galerie Art for you ist eine Mietgalerie, in der Künstler auf angemieteten Flächen ihre Werke präsentieren können. Stefan Runge zeigt seine Bilder in Öl oder Acryl in seiner Galerie Kunst Runge. Schmuckgalerien wie die der Panzerknacker gibt es auch oder die Schmuckwerkstatt von Janine Turan, Schmuckdesign von Antje Freiheit oder Schmuck von Shalom – alles in der Hüxstraße. In der Großen Burgstraße sollten Sie aber auch nochmal vorbeischauen, was gerade geboten wird. Im Artler gibt es seit 2014 beständig wechselnde Ausstellungen der Gemeinschaft Lübecker Künstler e. V.

Kunst in der Hüxstraße (und Großen Burgstraße)

www.galerie-koch-westenhoff.de
www.artforyou-luebeck.de
www.kunst-runge.de
www.gemeinschaft-luebecker-kuenstler.de/artler

49 Entdecken
Lübeck

Großes Sortiment

Die ehemalige familiär geführte Buchhandlung Weiland ist vom Filialisten Hugendubel übernommen worden. Sie befindet sich in der Nähe des Rathauses, in bester Lage, mit breitem Sortiment. Hier finden Sie fast alles, was das buchafine Herz begehrt. Große maritime Abteilung!

Buchhandlung Hugendubel

Königstraße 67a
23552 Lübeck
T. 089 30 75 75 75
www.hugendubel.de

50 Genießen
Lübeck

Best Icecream in town

Das Soulmade produziert nicht nur das beste Eis der Stadt, sondern es gilt laut dem Magazin Der Feinschmecker zu den Leckersten in Deutschland. Nur beste Zutaten, keine Aromen, Farbstoffe, Konservierungs- und Oxidationsmittel lautet die

Philosophie der Eisdiele und das schmeckt man. Neben den Klassikern gibt es auch Neukreationen und ausgefallene Sorten wie Passionsfrucht mit Minze, gerösteter Sesam mit Honig, Joghurt Gelate mit Himbeere oder weiße Schokolade mit Ingwer, Zitrone, Basilikum. Angeboten werden auch Sorten für Allergiker und Veganer, aber es ist zu beachten, dass die Auswahl im Laufe des Tages, je nach Nachfrage, sehr schnell schrumpfen kann.

Soulmade Eis
Fleischhauerstraße 61
23552 Lübeck
T. 0174 30 60 849
Ostern bis Oktober Di-So 12-19 Uhr

51 Entdecken Lübeck

Lose, nachhaltig, gut

Die Vermüllung unserer Umwelt mit Plastik ist ein großes Problem. Die Unmengen an Einwegverpackungen werden kaum recycelt, werden verbrannt oder landen im Müll und sodann letztendlich als Mikroplastik im Meer, wo es mittlerweile erhebliche Probleme verursacht. So ist die Idee, weniger Einwegverpackungen einzusetzen zu begrüßen, und es ist einer der kleinen Schritte zu mehr Nachhaltigkeit. Auch in Lübeck gibt es seit 2017 einen Unverpackt-Laden, wie sie derzeit in vielen Orten des Landes entstehen. Da kann man dann Müsli, Seife, Gewürze, Kaffee und vieles mehr selbst in den benötigten Mengen in die mitgebrachten Behälter und Beutel füllen. Neben der Müllvermeidung spielen auch die Aspekte hohe Qualität, Regionalität und Transparenz eine wichtige Rolle in der Unternehmensphilosophie. Wer keine eigenen Behältnisse oder Beutel dabei hat, kann sie im Laden bekommen.

Unverpackt
Fleischhauerstraße 40
23552 Lübeck
T. 0451 37 04 59 19
www.unverpackt-luebeck.de
Di-Fr 10-18 Uhr, Sa 10-16 Uhr

52 Entdecken
Lübeck

Lesen bildet

Der 2002 gegründete gemeinnützige Verein der Bücherpiraten hat das Ziel, Kinder und Jugendliche für Literatur – gelesen, gehört, selbst geschrieben und rezitiert – zu begeistern. Hierzu gibt es viele Veranstaltungen, Feste, Arbeitsgruppen, Workshops und Lesungen. Da gibt es beispielsweise das Bücherpiratenfestival, die Jugendbuchtage, der Slämmerlämmer (ein Poetry Slam Fest), den wundersamen Vorleseclub, die Schmökerbande, Schreibgruppen, Ausstellungen und vieles mehr. Die meisten Aktivitäten finden in dem Kinderliteraturhaus des Vereins in der Fleichhauerstraße statt, wo sich auch ein Benefizladen befindet. Hier kann man gut erhaltene, gespendete Bücher kaufen und Bücherspenden werden entgegen genommen. Besuchen Sie einmal die Einrichtung und stöbern nach Kinder- und Jugendbüchern und informieren sich über die lobenswerten Initiativen, die Jugend mit der faszinierenden Welt des Lesens und der Bücher in Kontakt zu bringen oder diesen zu vertiefen.

Bücherpiraten e. V.
Fleischhauerstraße 71
23552 Lübeck
T. 0451 70 73 810
www.buecherpiraten.de
Mo-Fr 11-18 Uhr

53 Erleben
Lübeck

Die haben was an der Waffel

Die Brüsseler Waffeln im kleinen Waffelhaus schmecken ausgezeichnet und kommen in vielen Varianten daher: einfach mit Puderzucker, Vanilleeis, heißen Schoko- und Himbeersoßen, Sahne, Apfelmus oder diversen Früchten. Wer es lieber herzhaft mag, wählt die Kartoffelwaffel mit Speck, Tomaten, Lachs, Pesto, Crème fraîche oder mit Camembert und Preiselbeeren. Die Soßen sind selbstgekocht und auch als Fruchtaufstriche im Glas zum Mitnehmen erhältlich. Für Freunde der bekannten Zucker/Mandel-Spezialität gibt es die Waffel mit Original Lübecker Marzipan nebst Amaretto-Sahne und einigen Stückchen gebrannter Mandeln verziert.

Kleines Waffelhaus
Fleischhauerstraße 82
23552 Lübeck
T. 0152 22 30 82 17
www.kleineswaffelhausluebeck.eatbu.com
Di-Sa 12-18 Uhr

54 Entdecken Lübeck

Große Auswahl handverlesener Bücher

Buchhandlung in der Altstadt. Katrin Bietz, Germanistin und Buchhändlerin aus Leidenschaft, die mit Prosa einen gnadenlos subjektiven Buchladen gegründet hat, um eine Auswahl handverlesener Bücher und eine Orientierung im Wust der Neuerscheinungen anzubieten. Deutscher Buchhandelspreis 2019.

Prosa – der Buchladen

Dr. Julius-Leber-Straße 42
23552 Lübeck
T. 0451 30 47 95 42
www.prosa-buchladen.de

55 Erleben Lübeck

Die Bretter, die die Welt bedeuten

Lübeck ist eine Kulturstadt und besitzt eine Menge großer und kleiner Theater. Wir geben hier eine Übersicht. Die größte Einrichtung ist das Theater Lübeck (ehemals Stadttheater) mit drei hauseigenen Spielstätten, deren größte knapp 800 Besucher faßt. Die Comödie Lübeck (ehemals Volkstheater Geisler) ist eine 2002 eröffnete Privatbühne, die Lustspiele, Operetten, Shows und Musicals bietet. Beim kleinen Hoftheater haben sich mehrere Tanz- und Theatergruppen in einem Verein zusammen geschlossen, und machen Aufführungen und bieten Tanz- und Theaterkurse an. Das Privattheater Partout hat den Spielbetrieb nach 25 Jahren eingestellt, weiter geht es aber mit Aufführungen der Schauspielschule der Gemeinnützigen. Das Lübecker Wasser-Marionettentheater ist eine weltweit einmalige Einrichtung. Weiter sind zu erwähnen das Theater Combinale, das Theater 23, das Theater Fabelhaft und das Theaterschiff, das im Holstenhafen vor Anker liegt oder Aufführungen im Zelt veranstaltet. Für Kinder sind u. a. die Taschenoper, die große Oper für kleine Kinder bietet, und das Kindertheater am Tremser Teich zu erwähnen. Und für alle last but not least das kleine, persönliche Zaubertheater in der Beckergrube, das den Gästen wahrlich zauberhafte und magische Momente bietet.

Theater

www.theaterluebeck.de
www.comödie-lübeck.de
www.kleineshoftheaterluebeck.weebly.com
www.schauspielschule-luebeck.de
www.wassertheater.de
www.combinale.de
www.theater23.de
www.theaterschiffluebeck.de
www.taschenoper-luebeck.de
www.theateramtremserteich.de
www.zaubertheater-luebeck.de

56 Entdecken

Lübeck

Die letzte Klosterkirche der Stadt

Die um 1300 errichtete Backsteinkirche ist das Gotteshaus des ehemaligen Franziskaner-Klosters gewesen und galt sogar als Zentrum der Franziskaner im gesamten Ostseeraum. Als Kirche eines Bettelordens wurde sie ohne Turm gebaut. Heute ist sie die letzte erhaltene der ehemals vier Klosterkirchen der Stadt Lübeck. Bis 1531 war St. Katharinen Klosterkirche, nach der Reformation ist sie in den Besitz der Stadt übergegangen und gehört heute zu den Museen Lübecks. Die Figurengruppe an der Fassade sollte eigentlich der Bildhauer Ernst Barlach ausführen. Er schaffte allerdings 1930 bis 1932 nur die ersten drei Figuren „Frau im Wind", „Bettler" und „Singender Klosterschüler". Dann wurden seine Arbeiten von den Nazis als sogenannte entartete Kunst eingestuft und die restlichen Figuren konnten erst nach dem Zweiten Weltkrieg von Gerhard Marcks fertig gestellt werden. Neben vielen Grabplatten beherbergt die Kirche auch einige Kunstwerke wie beispielsweise das Bild die „Erweckung des Lazarus" des venezianischen Malers Jacopo Tintoretto von 1576. Führungen durch die Museumskirche sind auch außerhalb der Öffnungstage buchbar.

Museumskirche St. Katharinen
Königstraße 27/Ecke Glockengießerstraße
23552 Lübeck
T. 0451 12 24 137
www.museumskirche.de

57 Genießen
Lübeck

Bio, regional und vegetarisch

Der Werkhof Lübeck ist ein Zentrum für alternative Lebensformen und beherbergt neben einer Veranstaltungshalle, ein Rucksack-Hotel, eine Statt-Auto Filiale, den ADFC-Landesverband, einen Naturbaustoffhandel und weitere Projekte sowie das vegetarische Café-Restaurant Affenbrot. Das seit 1983 in Lübeck existierende Café kann mit einer großen Auswahl vegetarischer und veganer Gerichte aufwarten. Neben einem ausgiebigen Frühstück gibt es Falafel- oder Grünkernburger, Salate, Suppen, Flammkuchen und vieles mehr. Sehr beliebt ist der von Montag bis Freitag wechselnde Mittagstisch mit beispielsweise Hafer-Cordonbleu mit Rahmwirsing, Kürbis-Lasagne oder Kichererbsen-Tajine mit Zitronen-Couscous. Am Nachmittag erfreut den Gast eine umfängliche Auswahl von Bio-Kuchen aus der Mühlenbäckerei, den man im gemütlichen Café-Raum, im lichten Wintergarten oder auf der Terrasse zu sich nehmen kann.

Café Affenbrot
Kanalstraße 70
23552 Lübeck
T. 0451 72 193
www.cafeaffenbrot.de
Di-Do 10-20 Uhr, Fr u. Sa 9-22 Uhr, So 9-20 Uhr

58 Entdecken
Lübeck

Die engen Gänge, Torwege und Höfe des Mittelalters

Eine nette Besonderheit Lübecks sind die alten, verwinkelten Gänge und Höfe, die in Zeiten entstanden sind, in denen es auf der platzbegrenzten Altstadtinsel immer enger wurde. So wurden von den Straßenzügen, in denen die Reicheren residierten, kleine Durchbrüche und dahinter liegende Gänge geschaffen, in denen die weniger Betuchten wie Tagelöhner, Matrosen, Hilfskräfte und Witwen wohnten. Heute sind viele der Gänge liebevoll restauriert und gehören zu den bevorzugten Wohnlagen. Von den ursprünglich 180 Gängen sind noch etwa 90 vorhanden. Viele von ihnen sind zugänglich und laden zu einer kleinen Entdeckungstour ein. Auf Touristenführungen werden auch einige der Gänge besucht. Da es schon lange kein Geheimtipp mehr ist, gilt es

besondere Rücksicht auf die Bewohner zu nehmen. Bekannt sind der Beckergang (Zugang Engelsgrube 43), der Hellgrüne und der Dunkelgrüne Gang (an der Untertrave, nahe dem Hafen) und der Lüngreensgang (Fischergrube 38). Von den Höfen ist der Füchtinghof (Glockengießerstraße 23-27) am bekanntesten. Der reiche Kaufmann Johann Füchting stiftete die Wohnungen, damit Witwen von Kaufleuten und Schiffern kostenlos darin wohnen konnten.

Gänge und Höfe

www.luebeck.de/de/stadtleben/tourismus/luebeck/sehenswuerdigkeiten/gaenge-und-hoefe/index.html

59 Entdecken

Lübeck

Der mehrfach begabte Schriftsteller und Nobelpreisträger

Neben Thomas Mann und Willy Brandt ist Günter Grass der dritte mit Lübeck verbundene Nobelpreisträger, der in der Hansestadt ein eigenes Werks- und Erinnerungshaus besitzt. Der in Danzig geborene Schriftsteller lebte von 1986 bis zu seinem Tod im Jahre 2015 im lauenburgischen Behlendorf, etwa 25 km südlich von Lübeck. Das im Jahre 2002 im Gebäudekomplex zweier sanierter Altstadthäuser eingerichtete Günter Grass-Haus beherbergt den überwiegenden Teil der literarischen und künst-

lerischen Originalwerke des Schriftstellers. Träger des Museums ist die Kulturstiftung Hansestadt Lübeck. Der Forschungsschwerpunkt des Hauses liegt in der Untersuchung des Zusammenwirkens von Literatur und bildender Kunst im Werk des Autors. Grass war nicht nur Schriftsteller, sondern auch Bildhauer, Maler und Grafiker wie andere Persönlichkeiten mit Doppel- und Mehrfachbegabungen, was eines der Ausstellungsthemen des Hauses ist. Wechselnde Sonderausstellungen, die man im digitalen Archiv nachschlagen kann, beschäftigten sich beispielsweise mit der Sexualität in Grass' Werk, mit Grass als Soldat, mit seiner Beziehung zur Ostsee oder mit Grass als leidenschaftlichem Fußballfan. Im Skulpturenhof des Museums sind Grass-Plastiken zu besichtigen und für Kinder gibt es eine neu ausgearbeitete Rallye „Alle an Bord?", die spielerisch durch das Museum führt.

Günter Grass-Haus
Glockengießerstraße 21
23552 Lübeck
T. 0451 12 24 230
www.grass-haus.de
tgl. 10-17 Uhr

Erleben
Lübeck

Politiker, Nobelpreisträger und Weltbürger

Ein ausgesprochen gut gemachtes Museumshaus, das sich dem Leben und politischen Wirken des Berliner Bürgermeisters, Bundeskanzlers und Nobelpreisträgers Willy Brandt widmet. Es liefert damit auch einen faszinierenden Einblick in die Zusammenhänge der Geschichte des 20. Jahrhunderts. Die 2007 eröffnete Ausstellung beleuchtet das Leben Willy Brandts, mit seiner Kindheit und Jugend in Lübeck, sowie der Zeit von Widerstand, Flucht und Exil im Zweiten Weltkrieg und der Nachkriegszeit als Bürgermeister in Berlin, Minister und Bundeskanzler in Bonn und dem Wirken als Weltpolitiker. Es ist nicht nur ein Museum und eine Gedenkstätte für ein wirkungsreiches und faszinierendes Politikerleben, sondern auch ein Ort der Politischen Bildung für alle Altersklassen.

Willy Brandt-Haus
Königstraße 21
23552 Lübeck
T. 0451 12 24 250
www.willy-brandt.de/ausstellungen/ausstellungen/haus-luebeck
tgl. 11-18 Uhr

Entdecken
Lübeck

Versteckte Gärten

Rückwärtig von den repräsentativen Bürgerhäusern der Königstraße erstrecken sich einige etwas versteckt liegende zusammenhängende Bürgergärten, die kleine Oasen der Ruhe für die Öffentlichkeit darstellen. Vorbei an dem Denkmal des spätromantischen Dichters Emanuel Geibel, der auch Ehrenbürger der Stadt Lübeck ist, geht man entlang des Kartoffelkellers am Heiligen-Geist-Hospital und erreicht rechts neben den Klostergärten ähnlichen Anlagen des Hospitals den Garten der Gesellschaft zur Beförderung gemeinnütziger Tätigkeit, gefolgt von den rückwärtigen Bürgerhausgärten, auch des Museums Behnhaus/Drägerhaus bis zum Ausstellungs-Pavillon des Lübecker Kunstvereins der Overbeck Gesellschaft. Mauern, alte Einfriedungen, Terrassen, unterschiedliche schattige und sonnige von Bänken gesäumte Areale lösen sich ab. Ein kleiner künstlicher Wasserlauf, blühende Obstbäume, duftende Rosen und Sträucher, Clematisranken und zahlreiche Skulpturen säumen die Wege. Eine Zusammenführung zu den nahe gelegenen bereits verbundenen Museumsgärten des Willy-Brandt-Hauses und den Skulpturenanlagen des Grass-Hauses ist geplant.

Lübecker Bürgergärten
Königstraße 3-11
23552 Lübeck
T. 0451 39 98 210

62 **Erleben**
Lübeck

Von Caspar David Friedrich bis Edvard Munch

Zwei Stadtpalais des 18. Jahrhunderts bilden das Ensemble des Behnhaus- und Drägerhaus-Museums. In den historischen Räumen befinden sich bedeutende

klassizistische Innen- und Wohneinrichtungen des 19. Jahrhunderts. Hier werden auch die Kunstwerke gezeigt und zusammen macht diese Verbindung von bürgerlichem Wohnen und bürgerlichem Sammeln das Museum zu einem kulturgeschichtlichen Gesamtkunstwerk. Die Dauerausstellung unter dem Titel „Von Caspar David Friedrich bis Edvard Munch" bietet eine bedeutende Kunstsammlung des 19. Jahrhunderts und der Klassischen Moderne. Zur Zeit wird das Behnhaus restauriert und wahrscheinlich 2026 wieder eröffnet. Bis dahin sind Exponate des Museums im Drägerhaus ausgestellt. Wichtige Künstler sind beispielsweise Johann Friedrich Overbeck, Caspar David Friedrich, Max Liebermann, Edvard Munch, Gotthardt Kuehl, Ernst Ludwig Kirchner und weitere. Hinzu kommen wechselnde Sonderausstellungen. So ist zum Beispiel bis 2028 das Buddenbrookhaus während seiner renovierungsbedingten Museumsschließung mit einer Ausstellung hier vertreten.

Museum Behnhaus Drägerhaus
Königstraße 9-11
23552 Lübeck
T. 0451 12 24 148
www.museum-behnhaus-draegerhaus.de
Di-So 10-17 Uhr, Januar bis März 11-17 Uhr

63 Erleben
Lübeck

Kirche der Seefahrer, Bootsleute, Fischer und Pilger

Die Jakobikirche ist eine der fünf Hauptkirchen der Lübecker Altstadt und trägt mit ihrem Turm – markant mit seinem von vier Kugeln eingefassten Helm – zur Sieben-Türme-Stadtsilhouette bei. Die Kirche blieb im Krieg unbeschadet, so dass neben bedeutenden Altären, eine kunstvolle Taufe, Wandgemälde, Leuchter und vor allem zwei sehr bedeutsame Orgeln die Zeiten überdauert haben. Die große Orgel von 1460 mit einem Hauptwerk von 1504 und die kleine Orgel aus dem 16. und 17. Jahrhundert machen Orgelkonzerte zu einer unbedingt besuchenswerten Veranstaltung in dem alten Gotteshaus, das 1227 erstmalig urkundlich erwähnt wurde und dessen heutiger Bau auf die Zeit um 1300 zurückgeht. Sie gilt als Kirche der Pilger. Lübeck war eine der Pilgerstationen zwischen Skandinavien und dem Jakobusgrab in Santiago de Compostela in Spanien. Ein besonderes Ausstellungsstück als Mahnmal und Gedenkstätte ist ein Rettungsboot des 1957 im Atlantik gesunkenen Segelschulschiffes Pamir. Von den 86 überwiegend sehr jugendlichen Seeleuten überlebten lediglich sechs die Katastrophe. St. Jakobi ist eben auch die Kirche der Seefahrer.

St. Jakobi Kirche
Jakobikirchhof 5
23552 Lübeck
T. 0451 30 80 10
www.st-jakobi-luebeck.de
Juni bis September Mo-Sa 10-18 Uhr, So 12-18 Uhr, sonst etwas reduzierte Öffnungszeiten, s. Homepage

64 Erleben
Lübeck

Altenresidenz in historischem Ambiente

Das Heiligen-Geist-Hospital ist nicht nur ein sehenswerter Monumentalbau der norddeutschen Backsteingotik, sondern auch eine der ältesten Sozialeinrichtungen Europas. Der durch

Initiative von Lübecker Bürgern und Kaufleuten mit Unterstützung des Rates 1286 am heutigen Ort fertiggestellte Gebäudekomplex mit Kirche, Langhaus und diversen Wirtschafts- und Nebengebäuden diente als Hospital für Alte, Arme und Kranke. Die altertümliche Seniorenresidenz, die auch heute noch als Altenheim und Einrichtung für die Betreuung bedürftiger Menschen in Lübeck im Einsatz ist, wird von der Stiftung Heiligen-Geist-Hospital getragen. Das Anwesen und die interessanten Bemalungen im Innern kann man besichtigen. Besonders beliebt ist der seit 1968 jährlich (außer in Pandemiezeiten) stattfindende Weihnachtsmarkt. Von weit her reisen die Besucher an, um im reizvollen, historischen Ambiente auf kunsthandwerkliche Stöbertour zu gehen. Viermal täglich ertönen die 18 Glocken des Glockenspiels.

Heiligen-Geist-Hospital
Am Koberg 11
23552 Lübeck
T. 0451 79 07 841
www.luebeck-tourismus.de/altstadt/heiligen-geist-hospital
Di-So 10-17 Uhr

65 Genießen
Lübeck

Speisen im historischen Kellergewölbe

Im Mittelpunkt des Angebots steht die erdige Knolle, sei es als Backkartoffel, Kartoffelpuffer, Speckbratkartoffel, Kartoffelstampf, Pommes frites oder Klöße. Und dazu gibt es Fisch,

Fleisch und Gemüse in allerlei Variationen. Faszinierend sind die Räumlichkeiten in den alten gotischen Kellergewölben aus dem 13. Jahrhundert unter dem Heiligen-Geist-Hospital. Bei schönem Wetter kann man auch draußen am Gemäuer oder in Nischen des alten Backstein-Hospitals unter grünen, rankenden Weinreben sitzen.

Lübecker Kartoffelkeller
Am Koberg 8-9
23552 Lübeck
T. 0451 76 234
www.kartoffel-keller.de
Di-Sa 12-22 Uhr

66 Genießen
Lübeck

Übernachten in der Altstadt

Das familienfreundliche Hotel Ko15 liegt direkt am Koberg nahe dem Heiligen-Geist-Hospital und der Jakobikirche. Es gibt modern eingerichtete, geräumige Einzel-, Doppel- und Familienzimmer (4 Personen). Die Studios in den Varianten Standard, Economy und Comfort für 2 Personen befinden sich in der nahe gelegenen Großen Gröbelstraße. Darüber hinaus gibt es Apartments für 2-4/5 (maximal 8) Personen, die sich in anderen Teilen der Altstadt, an der Obertrave und in der Beckergrube, befinden.

Hotel Ko15
Koberg 12
23552 Lübeck
T. 0451 77 715
www.ko15.de

67 Entdecken und Genießen
Lübeck

Nicht nur für Seeleute und Kapitäne

In einer Zeit, in der Lübeck nach Köln die zweitgrößte Stadt des Deutschen Reiches und Königin der Hanse war, gewann die Seefahrt immer mehr an Bedeutung für die Stadt. Im Jahre 1401 wurde die Schiffergesellschaft gegründet, um Streitigkeiten, Organisatorisches und anliegende Geschäfte zu besprechen, oder auch nur, um sich zu treffen. In der Zweckbeschreibung der Brüderschaft heißt es: „Zu Hilfe und Trost der Lebenden und Toten und aller, die ihren ehrlichen Unterhalt in der Schifffahrt suchen." Auch heute noch kann nur Mitglied werden, wer als Kapitän zur See gefahren ist und in Lübeck oder Umgebung wohnt. Vor 150 Jahren beschloss die Gemeinschaft, das Gebäude als Restaurant zu verpachten, so dass es seither für Lübecker und Gäste der Stadt möglich ist, in dem historischen Gebäude einzukehren. So kann man dort heute die ebenso traditionelle wie moderne Küche mit ihren saisonalen, regionalen und nachhaltigen Produkten genießen und in den gediegenen Räumlichkeiten viele Details in den Wandgemälden, Ausstellungsstücke und von der Decke baumelnde Schiffsmodellen entdecken. Auch der Garten, das Sonnendeck, bietet sommerliche Sitzmöglichkeiten und das umfängliche Weinangebot sollte man auch unbedingt beachten!

Schiffergesellschaft
Breite Straße 2
23552 Lübeck
T. 0451 76 776
www.schiffergesellschaft.de
Di-So 12-22 Uhr

68 Genießen
Lübeck

Seit mehr als 50 Jahren chinesische Spezialitäten in Lübeck

Das Shanghai ist 1966 das erste China-Restaurant in der Hansestadt gewesen und der Großvater Kwa-Se Yin, der das Restaurant gründete, hat die traditionell chinesische Küche in die Hansestadt gebracht. Heute arbeiten drei Generationen der Familie Yin in der am Koberg gelegenen Gaststätte. Die hausgemachten Wan-Tan-Taschen oder eine Frühlingsrolle sind ein guter Einstieg, dann gibt es knuspriges Geflügel in allen Variationen, Jakobsmuscheln oder Garnelen; Fleischgerichte von Schwein, Rind und Lamm finden sich ebenso wie Vegetarisches auf der Liste. Das Fünf-Gänge-Menü „Pekings Vielfalt" mit Ente ist dann schon etwas für den besonderen Anlass.

Shanghai
Koberg 6
23552 Lübeck
T. 0176 32 83 91 23
www.shanghai-luebeck.de
Mi-Fr 17.30-23 Uhr, Sa, So 13-23 Uhr

69 Erleben
Lübeck

Ein schöner Abend bei Live-Musik

Wer Live-Musik und Stimmung liebt, ist hier genau an der richtigen Stelle. Fast täglich treten wechselnde Gruppen oder Solokünstler auf, die was zum Besten geben – bei meist freiem Eintritt. Hernach geht der Hut herum und jeder kann, je nachdem wie viel er hat und wie es ihm gefallen hat, einen Obolus in den rumwandernden Hut werfen. Beliebt ist auch das regelmäßig stattfindende Tablequiz. An einem Kickertisch kann man eine Partie Tischfußball wagen, an den Wänden stellen Künstler ihre Werke vor und im Büchertauschregal kann man sich noch mit Nachtlektüre eindecken. Und was zu Trinken und einige kleinere Stärkungen sind ebenfalls verfügbar.

Kulturcafé und Bar Tonfink
Große Burgstraße 46
23552 Lübeck
T. 0451 54 69 00 36
www.tonfink.de
Mo-Do 17.30-24 Uhr, Fr u. Sa 17.30-02 Uhr, So geschlossen

70 Erleben
Lübeck

Eine spannende Reise durch 800 Jahre Hanse- und Stadtgeschichte

Das 2015 eröffnete Europäische Hansemuseum bietet auf einem fast 12.000 m² Fläche umfassenden Areal vertiefende und vielfältige Einblicke in 800 Jahre Hansegeschichte. Lübeck war eines der bedeutendsten Mitglieder dieses Handelsbundes und führt den Zusatz, wie auch andere bekannte Hansestädte, noch immer stolz im Namen. Neben einer integrierten archäologischen Grabungsstätte zur frühen Besiedlung Lübecks gehören der Museumsneubau und das aufwändig renovierte Burgkloster zum Hansemuseum. Eindrucksvoll werden Aufstieg, Entwicklung, Krisen und Niedergang dieses mittelalterlichen, bedeutsamen Städtebundes vermittelt. Neben vielen Original-Exponaten setzt die Ausstellung interaktive Museumstechnik, Hörstationen und viele moderne museumspädagogische Möglichkeiten dazu ein, dem Besucher die Welt der Hanse, die Bedeutung Lübecks, aber auch das Alltagsleben zur Hansezeit und einen Blick in wichtige auswärtige Niederlassungen zu ermöglichen. Lohnend sind auch ein Besuch der Dachterrasse mit Blick

auf die Trave und den Hafen sowie ein Abstecher zum nahen Burgtor, dem neben dem Holstentor zweiten erhaltenen Stadttor, mit dem angrenzenden Zoll haus und Marstall. Führungen, Sonderausstellungen und Veranstaltungen, wie die Konzerte im Klostergarten ergänzen das Angebot und eine kleine Stärkung gibt es im reizvollen Café Fräulein Brömse mit schöner Terrasse und Blick auf die Altstadt.

Europäisches Hansemuseum
An der Untertrave 1
23552 Lübeck
T. 0451 80 90 990
www.hansemuseum.eu
tgl. 10-18 Uhr (außer 24.12.)
www.cafe-fraeuleinbroemse.de

71 Entdecken
Lübeck

Bücher machen die Welt begreifbar

Mix aus persönlicher Beratung, inspirierenden Sortimenten und innovativen digitalen Lösungen, zukunftsweisende Lesewelten und nahtlos ineinandergreifende Einkaufserlebnisse. Für Leseratten und die es werden wollen gibt es in Lübeck drei Thalia-Buchhandlungen mit einem Vollsortiment.

Thalia Lübeck
LUV-Shopping
Dänischburger Landstraße 81
23569 Lübeck

Thalia Lübeck
Breite Straße 81, 23552 Lübeck

Thalia Citti Park
Herrenholz 14, 23556 Lübeck
www.thalia.de

72 Entdecken und Genießen

Lübeck

Was machen wir heute Abend?

Die großen Veranstaltungshallen in Lübeck sind die Musik- und Kongresshalle (MUK) und das Kolosseum. Da lohnt es sich mal einen Blick ins Programm zu werfen. Die Stadt hat eine Seite mit Veranstaltungen, über deren Seite man auch zur Initiative Kulturfunken gelangt, eine Plattform, in der auch kleine Ereignisse Erwähnung finden. Neben Konzerten des Schleswig-Holstein-Musik-Festivals (SHMF) in Lübeck (s. Tipp Seite 164) und den bekannten Nordischen Filmtagen (s. nachfolgenden Tipp) gibt es weitere Veranstaltungs-Highlights, von denen wir hier beispielhaft einige nennen: Das Brahms-Festival wird seit 1992 alljährlich von der Musikhochschule Lübeck (MHL) und dem zugehörigen Brahms-Institut unter einem jeweils anderen Motto veranstaltet. Im August lockt das Duckstein-Festival die Besucher an die Untertrave, wo es ein buntes Programm aus Kunst, Musik, Straßentheater und kulinarischen Angeboten gibt (2023 ausgefallen). Das Hanse-Kulturfestival ist ein alle zwei Jahre stattfindendes Straßenkunstfestival und das Travejazz-Festival findet seit 2014 alljährlich (außer 2020) statt und ist mittlerweile weit über die Region hinaus bekannt.

Veranstaltungen

www.luebeck-tourismus.de/kultur/veranstaltungen
www.kulturfunke.de
www.mh-luebeck.de/veranstaltungen/brahms-festival
www.ostsee.de/luebeck/duckstein-festival.php
www.luebeck-tourismus.de/kultur/hansekulturfestival
www.travejazz.de

73 Erleben
Lübeck

Das größte Filmfestival im Norden

Im Jahr 1956 wurden die Nordischen Filmtage Lübeck zum ersten Mal veranstaltet. Inzwischen gehört die Veranstaltung zu den traditionsreichsten Filmfestivals der Welt. Im Jahr 2023 beispielsweise ging das Festival mit 185 Filmen an den Start. Es stehen Spiel-, Dokumentar- und Kurzfilme aus Fennoskandien, Island und den baltischen Staaten im Mittelpunkt und in rund 10 Kategorien werden Preise vergeben. Es ist ein Treff der Filmbranche aus Deutschland, dem Norden und Nordosteuropa, aber es ist auch ein Festival für alle Filmbegeisterten, die Anfang November jedes Jahr nach Lübeck pilgern. Und es ist für alle Altersgruppen etwas dabei; so gibt es beispielsweise ein umfängliches Kinder- und Jugendprogramm. Und auch 2024 zu den dann 66. Nordischen Filmtagen freuen sich alle Filmbegeisterten wieder auf den persönlichen Austausch, Fachgespräche und Treffen mit den Kollegen, Kritikern und dem Publikum.

Nordische Filmtage Lübeck
Hansestadt Lübeck
Schildstraße 12
23552 Lübeck
T. 0451 12 21 320
www.nordische-filmtage.de

74 Entdecken
Lübeck

Neugierig auf Bücher

Bewertung eines Kunden: „Hier ist der Kunde König. Absolut freundlich, sehr zuvorkommend und hilfsbereit. Bestellungen sind über Nacht da und ein perfekter Service."

Buchhandlung Nitz am Kaufhof
Schlutuper Straße 2
23566 Lübeck
T. 0451 61 11 99 50

75 Entdecken und Genießen
Lübeck

Nicht nur für Schüler

Der 1930 eröffnete Lübecker Schulgarten ist das letzte Musterbeispiel eines historischen Schulgartens in Schleswig-Holstein. Die Grünanlage liegt zwischen Wakenitz und Kanaltrave und ist nicht nur ein beliebtes Naherholungs- und Ausflugsgebiet, sondern ein nahe der Altstadt gelegenes Gartenkleinod und artenreiches Naturareal. Es gibt einen Bauerngarten, Musterstaudenbeete, eine Wildblütenwiese, ein Alpinum, Areale mit Nutz- und Heilpflanzen, einen Senkgarten, ein Seerosenbecken, einen Laubengang und interessante Gehölze. Ein Bücherpavillon bietet Gartenliteratur zum Lesen und das nette Kaffeehäuschen im Schulgarten lädt zu einer kleinen Kaffeepause.

Skulpturen wie der Panther des Lübecker Bildhauers Fritz Behn lockern das Gelände auf.

Lübecker Schulgarten
An der Falkenwiese/
Ecke Wakenitzufer
23564 Lübeck
T. 0172 41 44 143
www.luebecker-schulgarten.de
April bis Oktober tgl. 8-20 Uhr
Kaffeehäuschen: T. 0157 80 81 59 00
www.kaffeehaeuschen-luebeck.de
tgl. 10-18 Uhr

76 Erleben
Lübeck

Per Schiff in die Lauenburgischen Seen

Eine ruhige und beschauliche Wakenitz-Bootsfahrt kann man von Lübeck bis zum Ratzeburger See mit den Schiffen MS Melanie, Nadine, Dolores und Wakenitz der Quandt-Schiffsline unternehmen. Vom Abfahrtspunkt Moltkestraße/Ecke Augustenstraße 30 in Lübeck geht es an mondänen Wohngebieten, Seerosenfeldern, dichten Erlenwäldern und Uferbewuchs entlang. Dies hat der Wakenitz auch den Namen Amazonas des Nordens eingetragen. Es ist der ehemalige Grenzfluss zwischen der DDR und BRD, wo sich auf der Ostseite des Flusses die Natur ungestört durch den Menschen entwickeln konnte und sich heute ein Naturschutzgebiet befindet. Zwischenstationen macht das Schiff in den alten Fischerhorsten Müggenbusch und Absalonshorst, bis man am Ratzeburger See die Einkehrmöglichkeit, das Fährhaus Rothenhusen, erreicht. Von dort kann man auf der Wakenitz zurückfahren, mit der Fährschifffahrt nach Ratzeburg fahren und per Bahn nach Lübeck zurückkehren oder man wandert den Drägerweg (ca. 18 km, s. nachfolgender Tipp) zurück in die Hansestadt.

Wakenitz-Schifffahrt Quandt
Wakenitzufer 1c
23564 Lübeck
T. 0451 79 38 85
www.wakenitz-schiffahrt-quandt.de

77 Erleben
Lübeck

Die Wakenitz-Wanderung

Ein schönes Natur- und Flusserlebnis ist der Drägerweg, der auf einer Strecke von etwa 18 km von Lübeck zum Ratzeburger See führt. Die nach dem Lübecker Fabrikanten und Ehrenbürger der Stadt benannte Wandermöglichkeit wurde 2007 maßgeblich mit Stiftungsgeldern des Mäzens fertiggestellt, aber auch mit Ausgleichsmitteln des A 20-Baus, dessen Straßenverlauf auf der Wanderung unterquert wird. Der Weg startet am Drägerpark in Lübeck und geht in etwa parallel zur Wakenitz bis nach Rothenhusen am Nordufer des Ratzeburger Sees. Man kann es auch als Radtour machen, allerdings ist der Weg mitunter etwas unwegsam für Radler. Zurück geht es entweder die gleiche Strecke oder die Wanderung/Radtour wird am Ratzeburger See fortgesetzt und es geht per Bahn nach Lübeck. Auch eine Rückfahrt per Wakenitz-Schifffahrt ist möglich; bei den Schiffen gibt es allerdings keine Fahrradmitnahme.

Der Dräger Wanderweg

Start am Drägerpark in Lübeck bis zum Ratzeburger See bei Rothenhusen

Alexanderstraße 36 A,
23566 Lübeck

78 Entdecken
Lübeck

Dokumentationsstätte der deutschen Teilung und Wiedervereinigung

In Schlutup lag während der deutsch/deutschen Teilung der nördlichste Grenzübergang in Deutschland. Heute befindet sich dort im ehemaligen Zollabfertigungsgelände an der Schlutuper Wiek eine Grenzdokumentationsstätte, die an die Zeit von 1945 bis 1990 erinnert. Es zeigt die Zeit des Baus der Grenzanlagen, deren Betrieb und deren Abbau nach der Wiedervereinigung. Auch der kleine Grenzverkehr, Fluchtereignisse und viele Geschichtsdokumente werden gezeigt. So findet man das bekannte Zitat des damaligen DDR-Staats- und Parteichefs Walter Ulbricht, der am 15. Juni 1961 sagte: „Niemand hat die Absicht, eine Mauer zu errichten." Zwei Monate später wurde die Berliner Mauer gebaut! Das Dokumentationszentrum in Schlutup bewahrt die Dokumente und stellt sie der Öffentlichkeit zur Verfügung aus einer Zeit, die nicht so lange zurück liegt, aber, die man sich kaum noch vorstellen kann mit undurchdringlichen Grenzanlagen, Minenfeldern und Todesschüssen an der ehemaligen deutsch-deutschen Grenze.

Grenzdokumentations-Stätte Lübeck Schlutup
Mecklenburger Straße 12
23568 Lübeck
T. 0451 69 33 990
www.grenze-luebeck.de
Fr, Sa 14-17 Uhr, So 11-17 Uhr

79 Erleben
Lübeck

Klettern wie die Affen

Früher kletterten die Kinder auf Bäumen, kleinen Felswänden oder Hausdächern herum, heute geht es ins Kletterzentrum. Aber immerhin! Bewegung und Aktion sind gut und das Ganze ist gewiss auch etwas sicherer. Im Kletterzentrum Lübeck kann man sich in einer alten Gasanstalts-Werkhalle mit modern ausgestatteter Sporttechnik an bis zu 14 m hohen Kletter- und Boulderwänden versuchen. Es gibt ein umfangreiches Kursprogramm, Feriencamps und Teamevents sowie eine hauseigene Sauna.

Kletterzentrum Lübeck
Urban apes GmbH
Bei der Gasanstalt
23560 Lübeck
T. 0451 61 91 57 40
www.urbanapes.de/luebeck
Mo-Do 14.30-22.30 Uhr, Fr-So (u. Feiertage) 10-22 Uhr

80 Erleben
Lübeck

Eine der schönsten Radtouren des Landes

An der Obertrave nahe dem Holstentor stehen die historischen Salzspeicher, in denen früher das aus den Salinen Lüneburgs stammende Salz gelagert wurde. Salz war ein wertvoller Rohstoff, der nicht nur zum Würzen, sondern vor allem auch der Konservierung von Lebensmitteln (Salzhering) diente. Auf den Spuren der alten Salz-Handelswege kann man auf dem Fernradweg Alte Salzstraße eine schöne Tour entlang des Elbe-Lübeck-Kanals (ELK) unternehmen. Von der Lachswehrbrücke in Lübeck geht es zunächst die Kanaltrave entlang und dann am ELK über Berkenthin, Mölln und Büchen nach Lauenburg an die Elbe. Von dort kann man den Weg sogar über die Elbe weiter bis Lüneburg ausdehnen. Rückkehrmöglichkeiten per Bahn nach Lübeck bestehen von Mölln, Büchen, Lauenburg und

Lüneburg aus. Am Kanal geht es vom Autoverkehr unbehelligt stets direkt auf den alten Treidelpfaden des Kanals entlang. Es ist eine ruhige und leichte Strecke, die auch für Kinder geeignet ist. Insgesamt beträgt die Tour von Lüneburg bis Lübeck, einschließlich des Teilabschnitts bis Travemünde (s. Tipp 82), 116 km.

Radtour Alte Salzstrasse
www.herzogtum-lauenburg.de/radfernweg-alte-salzstrasse-streckenverlauf

81 Entdecken
Lübeck

Lübecker Industrie- und Technikgeschichte
Lübecker Geschichte ist nicht nur geprägt durch Handel, Hanse und kaufmännisches Treiben. Auch die Industrialisierung spielte in der Stadt eine wichtige Rolle. Diese Zeit, die vor allem in Ortsteilen wie Herrenwyk und benachbarten Stadtteilen seine Auswirkungen hatte, wird durch das Industriemuseum in Herrenwyk dokumentiert. Prägend waren vor allem das 1981 geschlossene Hüttenwerk und die 2002 geschlossene Flenderwerft. Deren Werksgeschichte, aber vor allem auch die Lebens- und Arbeitsbedingungen der Menschen sind Thema der Ausstellung, wobei

auch die Situation und das Schicksal der Zehntausenden von Zwangsarbeitern und Kriegsgefangenen im Zweiten Weltkrieg, die in den Werken arbeiten mussten, dokumentiert wird. Das Museum befindet sich am authentischen Standort in dem typischen Arbeiterstadtteil und ist im ehemaligen Werkskaufhaus des Hochofenwerkes lokalisiert, das sich am Rand der 1906/07 errichteten Werkssiedlung befand. Es werden Maschinen, Werkzeuge, aber auch Gegenstände des häuslichen Alltags der Menschen im 20. Jahrhundert ausgestellt. Wechselnde Sonderausstellungen beleuchten unterschiedliche Aspekte der Lübecker Sozial-, Industrie- und Zeitgeschichte.

Industriemuseum Geschichtswerkstatt Herrenwyk
Kokerstraße 1-3
23569 Lübeck
T. 0451 12 24 195
www.geschichtswerkstatt-herrenwyk.de
Fr 14-17 Uhr, Sa, So 10-17 Uhr

82 Erleben
Lübeck

Immer die Trave entlang – per Rad von Lübeck nach Travemünde

Mit dem Fahrrad kann man sich von Lübeck nach Travemünde begeben und dabei den ausgeschilderten Streckenverlauf des Fernradweges Alte Salzstraße nutzen. Zwei Routen sind möglich: Beim Start von der Altstadtinsel in Richtung Norden kann man am südlichen Ufer der Trave am Naturschutzgebiet Schellbruch und dem idyllischen Fischerörtchen Gothmund mit seinen reetgedeckten Häusern vorbei an der Herreninsel die Trave mit dem kostenlosen Shuttle-Service unterqueren. In Kücknitz geht es am Waldhusener Moorsee entlang über Pöppendorf, Ovendorf und Ivendorf nach Travemünde. Zurück steht die Rückkehr per Bahn zur Auswahl oder man nimmt ab dem Waldhusener Moorsee die Strecke nördlich der Trave, die an Bad Schwartau vorbei über Vorwerk zurück zum Hauptbahnhof in Lübeck führt. Beide Streckenverläufe sind etwa 23 km lang.

Radtour Lübeck – Travemünde
www.travemuende-tourismus.de/erleben/auf-dem-rad

83 Entdecken
Stockelsdorf

Lesen ist ein Erlebnis

Liegt im Zentrum von Stockelsdorf, dass durch seine Fayencen berühmt wurde. Bücher gehören für die Inhaberin Juliane Hagenström zur geistigen Grundversorgung.

Buchhandlung Bücherliebe
Rathausmarkt 1 E
23617 Stockelsdorf
T. 0451 49 92 761

84 Genießen
Bad Schwartau

Köstliche Frühstücksbereicherung aus der Stadt an der Schwartau

Viele Menschen blicken schon morgens – auch wenn sie sich nicht in der Nähe von Lübeck befinden – auf die Silhouette der Stadt mit den sieben Türmen. Der größte Marmeladen- und Konfitürenhersteller Deutschlands kommt nämlich aus der Nähe von Lübeck und nutzt die Stadtansicht als Werbelogo. 1899 wurden die Schwartauer Werke gegründet und produzieren seither am Standort. Heute verlassen pro Jahr allein 40.000 Tonnen Konfitüre (140 Millionen Gläser) das Werk; hinzu kommen Müsliriegel, Desserts, Sirupe und weitere Produkte. Werksbesichtigungen sind für Besucher leider nicht möglich, aber man kann einen Blick in den Werksverkauf werfen und sich mit Pflaume à la Lebkuchen, Himbeere-Bio, Kirsche mit Marzipan oder sonstigen Lieblingsprodukten eindecken – zu Daueraktionspreisen und diversen weiteren Rabatten.

Schwartauer Werke
Schwartau – Werksverkauf
Auguststraße (gegenüber von Hausnummer. 8, Lübecker Str. 24)
23611 Bad Schwartau
T. 0451 20 43 86
www.schwartauer-werke.de/unser-unternehmen/unser-werksverkauf
T. 0451 20 40
Mo-Fr 9-18 Uhr, Sa 9-15 Uhr (an verkaufsoffenen Sonntagen geöffnet)

85 Genießen
Bad Schwartau

Wärme und Schwitzen satt

Das Jod-Thermalbad des Ortes ist aktuell wegen eines großen Wasserschadens geschlossen, soll aber eventuell in Zukunft wieder eröffnet werden. Das mit Jod angereicherte Wasser des Thermalbades kam aus einer Tiefe von 348 m und wurde in Außen- und Innenbecken geleitet. Für Sauna-Freunde gibt es hier in der 1.500 großen Saunalandschaft ein umfangreiches Angebot unter der Bezeichnung Sauna Pur. Neben der Eventsauna, Kräutersauna und Finnischen Sauna gibt es ein Dampfbad und Infrarot-Wärmekabinen. Sehr beliebt sind auch die Mentalsauna mit Sternenhimmel und leiser Musik oder die Salz- und Klönsauna; die holzbefeuerte Finnische MAA-Sauna ist mit bis zu 120 °C schon eher etwas für Sauna-Profis. Nach der Abkühlung in den erfrischenden Tauchbecken gibt es im neuen Saunabistro Getränke und kleine Snacks zur Stärkung. Wer noch Power hat, kann sich auch noch in das Asklepius Medical Fitness Center begeben.

Sauna Pur
Am Kurpark 3
23611 Bad Schwartau
T. 0451 20 04 148
www.saunapur.de
Mo-Sa 14-21 Uhr,
So u. Feiertage 10-18 Uhr.
Asklepius Medical Fitness
www.asklepios-medical-fitness.de

86 Entdecken
Bad Schwartau

Abwechslung für den Kuralltag

Umfangreiches Sortiment, dass sich am Publikum des Kurortes Bad Schwartau orientiert.

Buchhandlung Hugendubel
Marktwiete 2
23611 Bad Schwartau
T. 0451 16 02 50 00
www.hugendubel.de

87 Entdecken
Bad Schwartau

Blick auf die sieben Türme der Hansestadt

Auf dem 72 Meter hohen Pariner Berg in der Nähe von Bad Schwartau steht ein imposanter und begehbarer Bismarck-Turm, der nach seiner Sanierung 2020 wieder geöffnet ist. Über dem Eingang ist das Bismarcksche Wappen in Stein gemeißelt. Der quadratische, im Wesentlichen aus am Ort gefundenen behauenen Feldsteinen gemauerte Aussichtsturm ist 12,82 Meter hoch und verjüngt sich nach oben. Nachdem Sie die 38-stufige Wendeltreppe hinauf gegangen sind, erreichen Sie eine Aussichtsplattform, von der Sie einen herrlichen Ausblick auf die Umgebung bis Lübeck, Neustadt, die Lübecker Bucht, den Hemmelsdorfer See und die Hügellandschaft der Holsteinischen Schweiz genießen können. Der Turm ist ganzjährig geöffnet. Der Zutritt ist kostenfrei.

Pariner Berg
23611 Bad Schwartau
Do-So 12-20 Uhr

88 Genießen
Bad Schwartau

Klassische Landesküche am Pariner Berg

In unmittelbarer Nähe des Turms auf dem Pariner Berg befindet sich eines der wenigen noch mit klassischer Schleswig-Holsteinischer Küche aufwartenden Restaurants im Lande. Wer diese Art Küche liebt, den wird es hierhin immer wieder ziehen. Die Wirtsleute wissen, was hungrige Touristen und Einheimische lieben. Selbstgemachtes Sauerfleisch mit Bratkartoffeln, sauer eingelegte Ente mit Rotkohl und Klößen oder Rote Grütze mit viel Sahnesoße. Auch die Torten zum Kaffee sind größer und kalorienreicher als anderswo. Hier die Meinung eines Besuchers: „Sehr freundlich und preiswert, leckeres Essen aus deutscher Küche. Immer wieder einen Besuch wert!“

Gaststätte Pariner Berg
Pariner Berg 4
23611 Bad Schwartau
T. 0451 21 418

255 Tipps für einen schönen Tag zwischen Grömitz und Lübeck

Quer durch die Region Grömitz bis Lübeck

1 **Erleben und Genießen**
Fehmarn bis Travemünde

Übernachten am Strand im Schlafstrandborb

Früher hat man den Schlafsack am Strand entrollt und im Sand übernachtet. Heute ist das etwas komfortabler. Diverse Tourist-Informationen oder Strandkorbvermieter an den Küsten bieten die Schlafstrandkörbe an, in denen man als Gast eine oder mehrere Nächte am Strand übernachten kann. Die 1,30 m breiten und 2,30 m langen wetterfesten Strandkörbe sind für 1-2 Personen geeignet und besitzen eine Überdachungsmöglichkeit mit Fenstern, die man je nach Wetter offen lassen oder komplett schließen kann. Es ist auch ein Frühstück oder Picknickkorb dazu buchbar. Mal was anderes, mit Wellenrauschen im Ohr und dem Sternenhimmel über einem, sich in Morpheus Arme zu begeben.

Übernachten im Schlafstrandkorb
www.schlafstrandkorb.de
www.ostsee-schleswig-holstein.de/strandschlafen-ostsee.html
www.sh-tourismus.de

2 **Genießen**
Timmendorfer Strand, Lübeck, Ratzeburg

Kulinarische Top-Termine im nördlichsten Bundesland

Im Jahr 2023/24 findet das Schleswig-Holstein Gourmet Festival e. V. (SHGF) bereits zum 37.Mal statt und lockt die Feinschmecker wieder in einige der besten Restaurants des nördlichsten Bundeslandes. Jeweils von September bis März stellen bei diesem Festival Gastköche zusammen mit den heimischen Köchen der jeweiligen Restaurants ein besonderes Menü zusammen und verwöhnen die Gäste, die sich zu der Veranstaltung angemeldet haben. Insgesamt nehmen 17 gastronomische Betriebe aus allen Teilen Schleswig-Holsteins an diesem Festival teil. Für die Region zwischen Grömitz und Lübeck sind dies: die Orangerie im Maritim Seehotel in Timmendorfer Strand, das Ringhotel Friederikenhof in Lübeck und etwas weiter südlich der Seehof in Ratzeburg. Die Grundidee der veranstaltenden Kooperation Gastliches Wikingerland, dem kulinarischen Leben zwischen Ahrensburg und Sylt frischen Wind einzuhauchen und Schleswig-Holstein als Feinschmecker-Bundesland zu etablieren, dürfte über die

Jahre mit dem SHGF wohl gelungen sein.

Schleswig-Holstein Gourmet Festival e. V. (SHGF)

Kooperation Gastliches
Wikingerland e. V.
Brüggemannstraße 15
25813 Husum
T. 0171 85 19 806
www.gourmetfestival.de

3 Entdecken
Grömitz bis Lübeck und ganz Schleswig-Holstein

Bedeutendes Landschaftselement und Lebensraum – Die Knicks

Wenn man zwischen Grömitz und Lübeck unterwegs ist fallen die Wallhecken, die die Landschaft vielerorts durchziehen, auf. Diese sogenannten Knicks sind ein wertvolles Element unserer Kulturlandschaft. Sie wurden vor etwa 200 Jahren zur Abgrenzung der Flurstücke angelegt. Es sind Wallhecken aus einem 0,8 bis 1 m hohen Wall mit abgeflachter Oberseite, auf dem strauch- und baumartige Gehölze wachsen. Es prägt nicht nur das Landschaftbild in vielen Regionen des waldarmen Schleswig-Holstein, sondern ist

auch Holzlieferant und bedeutender Lebensraum für Tiere und Pflanzen sowie wichtig als Element des Biotopverbundes. Geschätzte 7.000 Tierarten finden in den Knicks des Landes einen Lebensraum, darunter Goldammer, Neuntöter, Dorngrasmücke, Rotkehlchen, Igel, Haselmaus und zahlreiche Insekten und andere Wirbellose. Besonders hübsch anzusehen sind die langgezogenen Landschaftselemente zur Blütezeit von Schlehe, Weißdorn und Holunder.

Knicks in Schleswig-Holstein
www.schleswig-holstein.nabu.de/natur-und-landschaft/knicks/index.html

4 **Erleben**
Grömitz bis Travemünde und weiter

Die Ostsee per Rad erleben
Der Ostseeküsten-Radweg ist einer der Fernradwege Schleswig-Holsteins. Er geht insgesamt über mehrere Tausend Kilometer um die ganze Ostsee. Bei Flensburg – über die Grenze aus Dänemark kommend – führt er über ca. 1150 km an der gesamten deutschen Ostseeküste bis Usedom entlang und von dort geht es weiter an der polnischen Küste. Der Streckenabschnitt vom Fehmarnsund bis Travemünde beträgt knapp 100 km. Das Abfahren von Teilstrecken ist möglich und kann auch mit einer Rückkehr per Bahn ver-

bunden werden. Das blaue Logo mit dem Ostseeküsten Radweg S.-H. weist den Weg. Für den wackeren Radfahrer gibt es jedenfalls jede Menge Ostsee-Erlebnis im Angebot mit Stränden und Steilufern, kleinen Museen, Hafenstädten, Promenaden, Leuchttürmen und reichlich Ostsee-Natur und zahlreichen Landschaftsimpressionen.

Ostseeküstenradweg
www.ostsee-schleswig-holstein.de/ostseekuesten-radweg

5 Entdecken
Grömitz bis Lübeck und das östliche Schleswig-Holstein

Die letzte Eiszeit als Landschaftsgestalter in Schleswig-Holstein

Die sanft hügelige Landschaft des Östlichen Hügellandes in Schleswig-Holstein wurde durch die letzte Eiszeit, die Weichsel Eiszeit (vor ca. 80.000-15.000 Jahren), geformt. Die Gletschermassen haben nicht nur das Erd- und Gesteinsmaterial, Riesenfindlinge und Fossilien aus Skandinavien nach Norddeutschland transportiert, sondern auch die Hügel, Flußtäler und Seen in der Landschaft geformt. Natürlich gab es auch nacheiszeitliche Landschaftsveränderungen wie die Verlandung von Seen, Moorbildungen, Sandverlagerungen und Steiluferabbrüche an der Ostseeküste. Haupt-Landschaftsgestalter der Region zwischen Flensburg und Kiel war aber das Weichselglazial, auf dessen Wirken man vielerorts in der Landschaft stößt. Verschiedene Ausstellungen informieren über das Wirken der Kaltzeiten in der Region, wie z. B. das Museum für Natur und Umwelt in Lübeck, das Eiszeitmuseum in Lütjenburg oder das Geocenter in der Ostsee-Erlebniswelt Heiligenhafen.

Eiszeiten in Schleswig-Holstein
www.geschichte-s-h.de/sh-von-a-bis-z/e/eiszeitland

6 Genießen

Grömitz bis Travemünde

Kulinarische Köstlichkeiten auf die Hand

Eine schlichte, aber köstliche maritime Delikatesse ist das Fischbrötchen, das in jedem Hafen und Imbiss entlang der Ostseeküsten zu bekommen ist. Zwei Brötchenhälften und dazwischen Fisch oder Meeresfrüchte, eventuell etwas Soße und ein Salatblättchen dazu, fertig ist das kulinarische Erlebnis, wenngleich von Fischverkauf zu Fischverkauf mitunter deutliche Unterschiede zu verzeichnen sind. Wo es die guten Fischbrötchen gibt, werden Sie aber schnell herausbekommen. Klassiker sind die mit Matjes, Bismarckhering oder Makrele belegten Brötchen, aber auch Aal, Lachs, Nordseekrabben, Lachsforelle sowie Fischburger oder als warmes Fischbrötchen mit Backfisch finden sich im Angebot. Selten geworden ist die Schillerlocke, geräucherte Bauchlappen des Dornhais. Das ist wohl auch gut so, denn der Dornhai gilt als gefährdete Fischart und zudem enthalten die Schillerlocken ungesund hohe Mengen an Methylquecksilber. Seit 2011 wird an jedem ersten Samstag im Mai der Welt-Fischbrötchentag an der Ostseeküste in Schleswig-Holstein und Mecklenburg-Vorpommern zelebriert.

Weltfischbrötchentag
www.ostsee-schleswig-holstein.de/weltfischbroetchentag

7 Entdecken

Gesamte Ostseeküste und Grömitz bis Lübeck

Von Rotschenkel, Regenpfeifer und Rotmilan – Ostsee-Vogelbeobachtungen

Für Vogelliebhaber ist die Ostseeküste ein schönes Beobachtungsgebiet. Sowohl während der Zugzeit als auch während der Brutzeit lässt sich auf der Ostsee, den Strandseen und Förden sowie in den anliegenden Schutzgebieten mancher gefiederte Zweibeiner beobachten. In den Flachwasserbereichen der Förden halten sich gerne verschiedene Tauchenten, Eiderenten aber auch Taucher auf, Graugänse und Singschwäne sitzen gern auf den Feldern. Watvögel wie Austernfischer, Rotschenkel, Säbelschnäbler brüten in den Küstenlebensräumen. Zur Zugzeit sind große Schwärme verschiedener Arten unterwegs. Möwen, Seeschwalben, Kormorane und verschiedene Gänsearten kommen vor, aber auch Seeadler, Rohrweihe und Rotmilan fliegen gelegentlich auf ihren Nahrungsflügen vorbei. Von den Naturschutzverbänden der Region, wie dem Naturschutzbund Deutschland

(NABU), dem BUND und dem Landschaftspflegeverein Dummersdorfer Ufer e. V. werden in den Ostsee-Schutzgebieten regelmäßig vogelkundliche Führungen angeboten. Besonderes Highlight für Ornithologen ist zur Vogelzugzeit im Frühjahr und Herbst die Insel Fehmarn, wenn Millionen von Vögeln aus dem Norden in den Süden und umgekehrt über die sogenannte Vogelfluglinie der Insel Fehmarn ziehen.

Vogelbeobachtungen an der Ostsee
www.schleswig-holstein.nabu.de/natur-und-landschaft/lebensraum-wasser/ostsee/03324.html
www.bund.net
www.dummersdorfer-ufer.de

8 Entdecken
Oldenburg bis Lübeck

Zu Besuch in Parks und Gärten der Region

Für Gartenfreunde gibt es an der Ostsee zwischen Fehmarn und Lübeck und im Binnenland diverse Parks und Gärten, die es zu entdecken gilt. Da sind beispielsweise der Eutiner Schloßgarten, der Kurpark in Malente, der Garten von Gut Weißenhaus, der historische Rosengarten am Oldenburger Wallmuseum, die Gärten im Landwirtschaftsmuseum Lensahn, der Klosterpark Cismar, die alte Gutsgärtnerei Sierhagen, sowie die Kurparks und Promenadenanlagen der Seebäder, wie der Neue und Alte Kurpark in Timmendorfer Strand. In Travemünde gibt es den Godewindpark und Brügmanngarten, von den Lübecker Parks und Gärten erwähnen wir hier die Bürgergärten, die Wallanlagen, den Stadtpark, den Schulgarten und Drägerpark. Seit rund 25 Jahren gibt es die Aktion „Offener Garten“, bei der Privatgärten ihre Pforten am Tag des Offenen Gartens für Besucher öffnen. Manche haben weitere Termine, zu denen sie ihren Garten Interessierten vorstellen oder sie führen Besucher auf Anfrage durch ihr kleines Reich.

Parks und Gärten
www.offenergarten.de

9 Genießen

Kiel bis Lübeck und ganz Schleswig-Holstein

Verantwortungsvoll, umweltverträglich und nachhaltig produziert und verarbeitet

Was haben das Hotel Lili Marleen in Lübeck, Steensen's Bauernhof bei Grömitz und der Landgasthof Brechtmann bei Scharbeutz gemeinsam? Sie sind alle Mitglieder bei Feinheimisch, einem Netzwerk von Erzeugern, Manufakturen und Gastronomen, die sich als Bewahrer und Förderer einer genussvollen, nachhaltigen und regional geprägten Esskultur sehen. Im Mittelpunkt stehen eine bewusste und gesunde Ernährung und eine umweltverträgliche Produktion von Lebensmitteln. Insgesamt sind aktuell rund hundert Produzenten, Restaurants und Hotels Mitglied bei Feinheimisch. Es geht den Mitgliedern u. a. darum, die schleswig-holsteinische Küche weiter zu entwickeln und die Attraktivität des kulinarischen Angebots für Einheimische und Touristen zu erhöhen. Es werden auch Kurse veranstaltet, in denen ein bewusster Umgang mit Lebensmittel und eine Ess- und Kochkultur für Kinder vermittelt wird – und nicht nur für die, sondern auch für Erwachsene.

Feinheimisch
Genuss aus Schleswig-Holstein e. V.
Wall 55
24103 Kiel
Tel.: 0431 98 65 48 77
www.feinheimisch.de

10 Erleben und Genießen

Kellenhusen bis Lübeck

Das große sommerliche Musikfestival im Norden

Das 1986 gegründete Schleswig-Holstein Musik Festival (SHMF) ist eines der größten Flächenfestivals der Welt. Jedes Jahr finden hochklassige Konzerte und Veranstaltungen in ganz Schleswig-Holstein und in angrenzenden Regionen statt. Neben Konzerthallen und Kirchen gibt es auch immer wieder Konzerte an ungewöhnlichen, aber stimmungsvollen Spielorten wie Herrenhäusern, Scheunen, Ställen oder alten Industriehallen. Beliebt sind auch die Musikdarbietungen in Parks, die oft mit einem Picknick verbunden werden. Der Schwerpunkt liegt auf der klassischen Musik, aber auch Jazz, Pop, Comedy und Lesungen finden sich im Programm. Die Talentförderung von Nachwuchskünstlern und musikpädagogische Angebote gehören ebenso zum Festival wie der Festivalchor und das Festivalorchester. Spielorte im Bereich der Lübecker Bucht sind beispielsweise: auf Gut Hasselburg, St.Fabian und St. Sebastian in Bad Schwartau, im Atlantic Grand Hotel Travemünde und in der Lübecker Kulturwerft Gollan.

Stiftung Schleswig-Holstein Musik Festival (SHMF)
Einsiedelstrasse 6
23554 Lübeck
Tel.: 0451 38 95 70
www.shmf.de

11 Erleben
Heiligenhafen bis Travemünde

Frischer Fisch direkt vom Kutter

Frischer Fisch ist eine der kulinarischen Spezialitäten, wenn man in Ostseenähe unterwegs ist. Neben ausgezeichneten Fisch-Restaurants und Fisch-Imbissen kann man den Fisch in Räuchereien und Fischläden auch frisch für die Selbstzubereitung erwerben. Schön ist es, wenn man Aal, Dorsch, Lachsforelle, Makrele, Hering oder einen der Plattfische wie Butt, Scholle, Kliesche oder Flunder fangfrisch vom Fischkutter bekommen kann, was in den Häfen von Travemünde, Niendorf, Neustadt, Großenbrode, Heiligenhafen oder in Burgstaaken auf Fehmarn möglich ist. Wer gern einen Fisch aus dem Süßwasser zubereitet, kann in der Fischzucht Reese in Bellin am Selenter See fündig werden. Und wer selbst sein Glück versuchen möchte, startet beispielsweise von Heiligenhafen oder Burgstaaken auf Fehmarn zu einer kleinen Hochsee-Angeltour.

Fisch vom Kutter
www.fischvomkutter.de
www.meeresangeln-sh.de

12 Entdecken und Genießen
Fehmarn bis Lübeck

Gut Einkehren auf dem Lande

Landgasthöfe und kleine Dorf-Cafés waren aus vielen Dörfern verschwunden, weil es schwierig geworden war, auf dem Lande genügend Gäste in die gastronomischen Betriebe zu bekommen. Der Trend hat sich ein wenig gedreht und es entstehen, manchmal mit Förderung oder Beratung durch die Landwirtschaftskammer, neue Bauernhofcafés und Hofläden. Der Klassiker der Landwirtschaftskammer, eine Broschüre mit der Übersicht der ländlichen Cafés und Bauernhofcafés in Schleswig-Holstein, erscheint jährlich. Besuchen Sie einmal den Hof Klostersee bei Kellenhusen, das Café zum Ziegelhof zwischen Grömitz und Cismar, den Bauernladen Schneekloth bei Grömitz und das Bauernhof-Eis Steffens in Ahrensbök.

Land- und Hofcafés
Landwirtschaftskammer
Schleswig-Holstein
Grüner Kamp 15-17
24768 Rendsburg
Tel.: 04331 945 32 23
www.lksh.de

13 Erleben
Heiligenhafen bis Travemünde

Maritime Landmarken an der Ostseeküste – Die Leuchttürme

Was wären die Küsten ohne Leuchttürme? Es sind nicht nur technische Einrichtungen, sondern auch Symbole für Weite und maritime Freiheit, bieten Sicherheit und Beständigkeit und weisen den Seeleuten den Weg. Viele Leuchttürme ereilt heute das Schicksal, dass sie gelöscht werden, weil ihr wegweisendes Licht nicht mehr benötigt wird. Oft werden sie dann denkmalgeschützt einer neuen Funktion als touristischer Aussichtspunkt, als Museum oder Restaurant zugeführt. Zwischen Fehmarn und Travemünde begegnen uns eine Reihe von Orientierungs-, Richt-, Unter- und Molenfeuern: Bei Heiligenhafen stehen ein Leitfeuer und ein Warnfeuer der Bundesmarine. Auf Fehmarn befinden sich allein acht Orientierungsfeuer und kleinere Lichter, wie u. a. die Leuchttürme von Flügge,

Westermarkelsdorf (Foto), Marienleuchte und Staberhuk. Hinzu kommen in der Lübecker Bucht das Seefeuer bei Dahmeshöved und das Orientierungsfeuer bei Pelzerhaken. In der Travemündung stehen neben dem seit 1972 erloschenen Alten Leuchtturm ein Orientierungsfeuer auf dem Maritim Hochhaus sowie ein Molen- und Orientierungsfeuer an der Hafeneinfahrt. Mehr erfahren Sie im Buch „Leuchttürme von Borkum bis Usedom" von Reinhard Scheiblich.

Leuchttürme
www.leuchtturm-atlas.de/regOsh.html

14 Erleben und Genießen
Grömitz bis Travemünde und darüber hinaus

Weiße Strände, blaues Meer
Das Badeerlebnis im Meer gehört einfach zu einem Ostseeurlaub, vor allem wenn Kinder dabei sind. Von Großenbrode bis Travemünde zieht sich fast ein einziger endloser Strand. Die Badewasserqualität der Ostsee gilt als sehr gut, wie auch die der Badestellen im Binnenland. Alle 339 Badestellen im Lande werden während der Badesaison, die vom 01. Juni bis zum 15. September geht, regelmäßig überwacht und die Messdaten werden veröffentlicht. An den Hauptstränden sorgen Rettungsschwimmer der Deutschen Lebensrettungs-Gesellschaft (DLRG) für die Sicherheit. Eine rot/gelbe Fahne heißt Baden ist möglich, eine zusätzliche gelbe Fahne bedeutet, das Baden ist für ungeübte Schwimmer eingeschränkt und eine Rote Fahne signalisiert ein Badeverbot. Von Fehmarn bis zur Travemündung gibt es Bademöglichkeiten für jeden Geschmack, vom feinsandigen Strand mit reichlich Infrastruktur bis zum abgelegenen, einsamen Geröllstrand am Fuße eines bewaldeten Steilufers ist alles dabei. Neben FKK- und Tex-

til-Stränden gibt es kinderfreundliche, solche mit Sport- und Aktionsangeboten, mit barrierefreiem Zugang oder Strände, an denen auch Hunde ins Wasser dürfen.

Ostsee-Baden und Strandleben
www.bsh.de/DE/DATEN/Baden_und_Meer/baden_und_meer_node.html
www.ostsee-schleswig-holstein.de/strandfinder

15 Erleben
Grömitz bis Travemünde

Aktivität, Fitness und Sport auf dem Wasser

Baden und Schwimmen auf der Ostsee, an den Seen und in Badehallen ist schon der erste Wassersport. Viele verbinden die Ostsee mit Segeln auf den Förden, in den Buchten und Binnengewässern. Bootsverleihe, und die Möglichkeit Kurse und Segelscheine zu machen, gibt es viele an der Ostsee und im Binnenland. Desgleichen gilt für Surfen und Kitesurfen, die ja inzwischen zu den Wassersport-Klassikern gehören. Relativ neu ist das Stand-Up-Paddling (SUP), wo man stehend auf einem Brett über das Wasser paddelt. Kanu- und Kajakfahren gehen

auch auf der Ostsee, werden aber eher auf den Flüssen und Binnenseen praktiziert. Ausflugsfahrten und kleine Runden mit dem Tret- oder Ruderboot fallen wohl eher in die Rubrik kleine Ausfahrtstour denn unter Wassersport. Wasserski und Wakeboarding, Tauchen und auch Angeln gehören hingegen wieder zu den auf den Binnengewässern und an der Ostsee praktizierten Sportarten.

Wassersport
www.ostsee-schleswig-holstein.de/wassersport

16 Erleben
Fehmarn bis Lübeck

Volles Ferienprogramm für Kinder
Möglichkeiten mit Kindern etwas zu unternehmen und zu erleben, gibt es reichlich an der Ostsee und dem nahen Binnenland. Strandleben, Binnengewässer und tropische Badeparadiese können schon ein Tage füllendes Programm sein. Aber auch Wassersport, Klettergärten, Spielplätze und Abenteuertouren ergänzen das Angebot. Bei schlechtem Wetter kann man die Indoor-Spielwelten, Kind gerechte Museen oder Erlebnisparks besuchen wie den Hansa-Park in Sierksdorf, den Karls-Erlebnis-Hof in Warnsdorf oder Filippos Erlebnisgarten in Blekendorf. Auch Kinos, Theater, Freizeitparks und Festivals wie die Travemünder Woche oder die Piraten-Tage haben immer viel für Kinder und Familien im Angebot. Übernachten kann zum Abenteuer werden oder mal was anderes sein, wenn man zeltet,

im Schlafstrandkorb schläft oder Heuherbergen aufsucht. Schiffstouren, Ausflüge, Reiten, Rad- und Wandertouren sind ebenfalls attraktive Aktivitäten, die fast überall möglich sind. Und notfalls geht es mal zur Belohnung in die Lübecker Marzipanwelten oder zum Eisladen um die Ecke. Langeweile sollte eigentlich für Kinder und Eltern an der Ostsee nicht aufkommen.

Ferien für Kinder und Familien
www.ostsee-schleswig-holstein.de/ausflugstipps-und-erlebnisse-fuer-familien

17 Entdecken
Hohwacht bis Fehmarn und Lübeck

Von Schottischen Rindern, Wildpferden und Auerochsen

Wenn Sie in Schleswig-Holstein unterwegs sind, werden Ihnen auf vielen Weiden besondere Nutztierrassen auffallen. Zum Beispiel die hornlosen, zotteligen Galloways oder die hellbraunen Schottischen Highlandrinder mit ihren langen, gebogenen Hörnern. Sie sind alle überwiegend in der Landschaftspflege für die Stiftung Naturschutz Schleswig-Holstein tätig. Sie beweiden ganzjährig extensiv die Naturschutzflächen und sorgen für ein vielfältiges Landschaftsbild und eine artenreiche Flora und Fauna. Das Fleisch der Tiere

von den ungedüngten und ungespritzten Flächen ist sehr begehrt und wird von den Landwirten vermarktet. Bisweilen findet man neben anderen Rinderrassen auch Auerochsen mit ausladenden Hörnern und einem weißen Flotzmaul, eine Rückzüchtung der Brüder Heck, die deshalb auch als Heckrinder bezeichnet werden. Konik-Wildpferde und Exmoorponys, in manchen Gebieten auch Schafe und Ziegen, unterstützen die Naturschützer ebenfalls bei ihren landschaftspflegerischen Arbeiten.

Wilde Weiden
www.stiftungsland.de/was-wir-tun/entwicklungshelfer/wilden-weiden-im-stiftungsland

18 Genießen
Grömitz bis Lübeck

Schleswig-Holstein kulinarisch

Fisch in allen Variationen, vom Fischbrötchen auf die Hand bis zum noblen Sternerestaurants, gehört zu den Spezialitäten Schleswig-Holsteins. Zum selber zubereiten werden die Meerestiere gern direkt vom Kutter oder aus den Räuchereien der Region besorgt. Aalsuppe, Labskaus mit Matjes gehören zu den Spezialitäten; Kieler Sprotten sind ein beliebtes Mitbringsel. Holsteiner Schinken oder das Fleisch der Robustrinder von den Extensivweiden werden vielerorts angeboten. Obst und Gemüse, auch zum selber ernten auf den Feldern oder als Marmelade und Brände, sind ebenso beliebt wie das in den kleinen Brauereien gebraute Bier. Seit einigen Jahren entwickelt sich Schleswig-Holstein auch zu einem Weinanbaugebiet. Spezialgerichte der schleswig-holsteinischen Küche sind beispielsweise: Birnen, Bohnen und Speck, Schwarzsauer, die Fliederbeersuppe (aus Holunderbeeren), Buttermilchsuppe oder Rote Grütze, ein cremiger Nachtisch aus verschiedenen, sommerlichen Beeren.

Schleswig-Holsteiner Spezialitäten

www.deutsche-delikatessen.de/lexikon-rezepte/schleswig-holstein-lexikon

19 Erleben
Grömitz bis Lübeck

Ostseeurlaub mit Hund

Wenn es für zwei bis drei Wochen in den Urlaub geht, muss der treue Vierbeiner nicht zu Hause bleiben. In der Lübecker Bucht sind Hunde willkommen. An speziellen Hundestränden können die Hunde sich austoben. Von November bis März dürfen Hunde auch an den meisten Hauptstränden mitgeführt werden. Es gibt hundefreundliche Unterkünfte und auch Restaurants und Ausflugsmöglichkeiten, bei denen Hunde mitdürfen. Eine Übersicht der Tierärzte, Tierfutter-Fachgeschäfte und hundefreundlichen gastronomischen Einrichtungen in der Lübecker Bucht findet man bei der Tourist-Info Lübecker Bucht. Und es wird auch ein Entertainment-Angebot für Hunde offeriert, Hunde-Strand-Spiele mit Geräte-Spass und Dogdance, beispielsweise in Scharbeutz, Pelzerhaken und Sierksdorf.

Urlaub mit Hund

www.luebecker-bucht-ostsee.de/urlaub-mit-hund

20 Entdecken

Ostsee Grömitz bis Lübeck

Erholung, Entspannung und Gesundheit an der Ostsee

Frische Luft und salzige Brise fördern schon allein die Gesundheit, noch besser, wenn außerdem Bewegung in die Sache kommt: Lange Strandspaziergänge, Jogging, Nordic Walking, Fitness-Parcours, Radfahren und Wandern an der Ostsee und im Binnenland sind einige der zahlreichen Möglichkeiten Urlaubs-Aktivitäten zu entwickeln. Freizeitbäder und Thermen, Sauna, Massage, Yoga und das reichliche Angebot der Wellness-Hotels und Thalasso-Zentren mit SPA-Bereichen bieten vielfältige Erholungs- und Entspannungsmöglichkeiten. Über Kuren, Heilbäder und Therapieformen informiert der Heilbäderverband Schleswig-Holstein, der die landesweite Koordinationsstelle rund um das Thema Gesundheitstourismus darstellt.

Heilbäder und Wellness Schleswig-Holstein
www.heilbaederverband-sh.de
www.ostsee-schleswig-holstein.de/wellness-angebote

21 Entdecken

Grömitz bis Travemünde und gesamte Ostseeküste

Die informative Strandwanderung

Strandwanderungen gehören zu den besonderen Erlebnissen und erholsamen Episoden eines Ostsee-Urlaubs. Und während man an der Wassserkante entlang flaniert, kann man manch interessantes Objekt im Angespül entdecken: Von der kleinen Muschel- oder Schneckenschale über Seesterne, Quallen, Rotalgen und Krebspanzer bis hin zum Hornhechtskelett und angeschwemmten Schweinswal, vermag alles dabei zu sein. Wer nicht genau weiß, was er gefunden hat, kann sich an den Baltic Explorer (oder das Schwesterportal BeachExplorer) der Schutzstation Wattenmeer im Internet wenden. Dort gibt es Bestimmungshilfen für Vögel, Fische, Schalentiere, Insekten, Pflanzen, Würmer und sogar für Steine, Loch- und Röhrenstrukturen, Müll und seltsame Dinge. Den Beach Explorer gibt es zudem als kostenlose App, so dass sich die Funde gleich vor Ort spezifizieren lassen und sie können auch gemeldet werden. Bei besonderen oder unklaren Funden kann der Strandwanderer sich auch direkt an das Expertenteam der Schutzstation Wattenmeer wenden.

Strandfund-Bestimmung
www.balticexplorer.org
www.beachexplorer.org

22 Erleben
Ostsee von Heiligenhafen bis Travemünde

Trockenen Fußes in die Ostsee – Seebrücken
Eine vergleichbare Dichte an Seebrücken wie in der Lübecker Bucht ist wahrscheinlich nicht so leicht zu finden. Als Wahrzeichen, Landmarke und Touristen-Attraktion hat sich fast jedes Seebad zwischen Heiligenhafen und Niendorf eine solche zugelegt. Einfach ins Wasser ragende Stege sind die Seebrücken schon lange nicht mehr. Es gibt geschwungene und gewinkelte Verläufe, mehrere Ebenen, mit Spielplätzen, Hängematten, Sitzgruppen, Überdachungen, bisweilen mit Gastronomie und spektakulär oder dezent illuminiert und meistens auch mit Schiffsanleger. Die Brücke in Heiligenhafen ist mit 435 m eine der längsten, besitzt eine verglaste Meereslounge und bietet, wie manch andere auch die Möglichkeit zur Heirat. Weitere von Nord nach Süd folgende sind die in Großenbrode (310 m lang), in Dahme (205 m), in Kellenhusen (305m), in Grömitz (398 m, mit Tauchgondel), in Haffkrug (165 m, neu in 2024 mit 230 m) in Scharbeutz (260 m, neu in 2024 mit 276 m). In Timmendorfer Strand finden wir mit der Maritim-Seebrücke (275 m), die gerade erneuert wird, und der Teehausbrücke (150 m) sogar zwei Brücken, sowie eine weitere in Niendorf (185 m), die durch ihre Fischform aus dem Rahmen fällt.
Seebrücken
www.ostsee-schleswig-holstein.de/Seebruecken

Ausflüge in die Umgebung

1 Entdecken und Erleben

Lensahn

Landwirtschaft vergangener Zeiten

Historische Landwirtschaft und altes Handwerk sind die Ausstellungsschwerpunkte im Museumshof. Auf dem vier Hektar großen Gelände werden diverse landwirtschaftliche Geräte und alte Arbeitstechniken und Handwerksarbeiten sowie Haus- und Hoftiere wie Ponys, Ziegen, Gänse, Hühner und weitere gezeigt. Auch ein Naturlehrpfad, verschiedene Gärten, Museumsfelder und ausgedehnte Alleen mit zahlreichen Gehölzarten und vielen unterschiedlichen Obstsorten gehören zum Museum. Themenführungen, Kräuter-Seminare, außerschulische Lehrveranstaltungen und Erlebnistage unterschiedlicher Art wie Apfeltage, Pferdetage, Schafsmarkt, Erntedank, Bienenerlebnistage und Flohmärkte finden regelmäßig statt. Stärken kann man sich in der Museumsgastronomie bei Holsteinischer Küche und Kaffee und Kuchen. Ein schönes Erlebnismuseum, in dem die ehemaligen Traditionen bäuerlichen Lebens und alten Handwerks lebendig und anschaulich präsentiert werden.

Museumshof Lensahn
Bäderstraße 18
23738 Lensahn
T. 04363 91 122
www.museumshof-lensahn.de
April bis Oktober 10-18 Uhr

2 Entdecken

Oldenburg in Holstein

Eintauchen in die frühmittelalterliche Geschichte der Region

Vor rund 1.000 Jahren war das heutige Oldenburg ein Mittelpunkt und Zentrum des slawischen Handels, der Politik und Religion. Das Wallmuseum zeigt das frühmittelalterliche Leben, wie es im slawischen Starigard ausgesehen haben mag. Der Name bedeutet alte Burg und setzt sich im heutigen Namen der Stadt Oldenburg fort. Zudem werden Verbindungen zu anderen slawischen Siedlungen in der Ausstellung aufgezeigt. Im Freilichtgelände sind 20 rekonstruierte Gebäude zu besichtigen und stets sind Slawen oder Wikinger im Gelände unterwegs und informieren die Besucher.

Besonders auch zu den zahlreichen mittelalterlichen Veranstaltungen gibt es Einblicke in frühere Handwerke und das Leben in einer Slawensiedlung. Im Garten von Starigard lassen sich typische Heil- und Giftpflanzen, Küchenkräuter sowie Faser- und Färbepflanzen bewundern. Eindrucksvoll ist auch die Sammlung von etwa 50 historischen Rosen. Auf dem Fußweg vom Wallmuseum zur Oldenburger Altstadt passieren Sie den eindrucksvollen Ringwall, der gegen Ende des 7. Jahrhunderts erstmalig angelegt wurde, und als eine der bedeutendsten archäologischen Fundstellen Schleswig-Holsteins gilt.

Oldenburger Wallmuseum
Prof.-Struve-Weg 1
23758 Oldenburg i. H.
T. 04361 62 31 42
www.oldenburger-wallmuseum.de
April bis Oktober Di-So 10-17 Uhr
August Mo-So 10-17 Uhr

3 Erleben
Klausdorf

Geologie, Lebewelt und Geschichte der Ostsee

Der weiße, wie abgeschnitten aussehende Turm ist weithin sichtbar. Aus dem 1968 in Betrieb genommenen ehemaligen Fernmeldeturm und anliegenden Gebäuden wurde 2012 eine Erlebnisausstellung, die sich mit der Ostsee beschäftigt. Die Lebewelt dieses Meeres wird in diversen Aquarien präsentiert. So kann man Plattfische, Haie, Dorsch, Petermännchen, Hummer, Seeanemonen und viele andere Meeresorganismen aus der Nähe kennenlernen. Das Geocenter informiert über die Entstehung, Geschichte und Besonderheiten der Ostsee. Im Fischereimuseum geht es um die wirtschaftliche Nutzung und die Ostsee als Nahrungsquelle. Den Turm kann man auch erklimmen und so einen grandiosen Blick zur Ostsee und zum Graswarder sowie ins Binnenland genießen. Die Aussichtsplattform befindet sich 80 m über dem Meeresspiegel und ist per Außenfreitreppe oder Fahrstuhl erreichbar.

Ostsee-Erlebniswelt Heiligenhafen
Bäderstraße 6a/Am Turm
23775 Großenbrode/OT Klausdorf
T. 04371 44 16
www.mega-meereswelten.de
Februar bis Oktober tgl. 10-18 Uhr

4 **Entdecken**
Heiligenhafen

Das maritime Zentrum der Region

Heiligenhafen ist der Zentralpunkt zwischen den Ferienregionen Hohwachter Bucht, Fehmarn und Lübecker Bucht. Entsprechend maritim geht es her. Hier finden wir vom kulinarischen Fischgenuss im Edelrestaurant bis zum Matjesbrötchen auf die Hand auch Promenaden und Steilufer zum Entlangflanieren und reichlich Bademöglichkeiten mit entsprechender Infrastruktur. Die Erlebnis-Seebrücke gehört mit einer gewinkelten Länge von 435 m zu den längsten der Ostsee überhaupt und weist auch allerlei Besonderheiten auf wie eine verglaste Meereslounge, Kinderspielbereiche und Badedeck. Nach Sonnenuntergang ist sie dezent illuminiert. Der Kultur- und Geschichts-Interessierte kommt im Heimatmuseum oder im Museumshafen auf seine Kosten oder besichtigt das Wahrzeichen des Ortes, die Stadtkirche von 1250. Kinder finden Angebote nicht nur am Strand und auf den Spielplätzen, sondern auch in der Indoor-Spielewelt der „Schatzinsel". Der Natur-Begeisterte begibt sich auf die Wanderung den Steinwarder entlang oder besucht die Wildnis des Graswarders und beobachtet die reiche Vogelwelt dieser kleinen Ostsee-Naturlandschaft.

Tourismus-Service Heiligenhafen
Bergstraße 43
24774 Heiligenhafen
T. 04362 90 720
www.heiligenhafen-touristik.de

Entdecken
Fehmarn

Die grüne Ferieninsel

Im Westen der Sonneninsel, wie Fehmarn dank der zahlreichen Schönwetterstunden auch genannt wird, freut sich nicht nur der Besucher vom Festland über Ruhe und Abgeschiedenheit, sondern auch die zahlreichen Vogelarten, die im Wasservogelreservat Wallnau rasten und brüten. An die 250 unterschiedliche Arten finden auf dem 300 Hektar großen Gelände mit einem Mosaik aus Seen, Inseln, Schilfgürteln und Wiesenflächen ideale Lebensbedingungen vor. Aus kleinen Unterständen entlang der Seen heraus lassen sich die Vögel beobachten und fotografieren, ohne dass diese verschreckt werden. Der große Aussichtsturm ist eines der Highlights und bietet herrliche Fernsicht auf die nahe Küstenlandschaft und das Naturschutzgebiet.

Wer etwas Zeit mitgebracht hat, dem sei eine Wanderung von Wallnau entlang des herrlich naturbelassenen Sand- und Kiesstrands in Richtung Süden bis zum Flügger Leuchtturm empfohlen. Der 1915 in Betrieb genommene Leuchtturm ist der höchste der Insel und bietet nach 162 schweißtreibenden Stufen einen tollen Ausblick, der bis zum Festland reicht. Auf dem Weg zum Leuchtturm sollten Rock-Fans einen kleinen Abstecher zum Jimi Hendrix Gedenkstein machen. An diesem Ort hatte die Rock-Legende seinen letzten großen öffentlichen Auftritt.

NABU Wasservogelreservat Wallnau auf Fehmarn
Informationszentrum
Wallnau 4
23769 Fehmarn OT Wallnau
T. 04372 10 02
www.wallnau.nabu.de
tgl. 10-17 Uhr
Winterpause von November bis Ende Februar

Flügger Leuchtturm
T. 04372 20 64 56
www.leuchtturm-fluegge.de

Jimi Hendrix Gedenkstein
Flügger Strand
23769 Fehmarn OT Flügge

6 Entdecken und Erleben
Weissenhäuser Strand

Das volle Entertainment-Programm im Freizeitpark

Das frühere Herrenhaus des Gutes Weissenhaus ist heute ein Luxusresort. Etwas günstiger kann man im nahe gelegenen Ferien- und Freizeitpark Weissenhäuser Strand im Strandhotel, in Ferienhäusern und Ferienwohnungen übernachten. Vor allem Familien nutzen die Möglichkeit und finden sich rundum versorgt. Neben kilometerlangem Ostseestrand, der durch das Naturschutzgebiet „Weissenhäuser Brök" vom Freizeitpark getrennt ist, beherbergt der Komplex ein Subtropisches Badeparadies, eine Wassersportanlage Wakeboard, Wasserski und Co. (Wawaco) und ein Dschungelcamp, die auch von auswärtigen Gästen besucht werden können. Zudem gibt es Adventure Golf, das Originaltor der Fußballweltmeisterschaft 2014, auf das man spielen kann, die Falknerei Walter mit Flugshows, eine Strandreitschule und viele weitere Attraktionen und Veranstaltungen. Diverse gastronomische Einrichtungen auf dem Gelände sorgen für das leibliche Wohl. Eigentlich brauchen die Gäste das Gelände nicht zu verlassen – allenfalls, um eine Partie Fußballgolf zu spielen, denn der Platz liegt etwa 1 km entfernt.

Ferien- und Freizeitpark Weissenhäuser Strand
Weissenhäuser Strand GmbH & Co. KG
Seestraße 1
23758 Weißenhäuser Strand
T. 04361 550
www.weissenhaeuserstrand.de

7 **Erleben**
Hohwacht

Binnensee-Naturschutzgebiete an der Ostsee

Hohwacht ist geprägt durch Strand, Wald, Steilufer und Binnenseen und ist damit einer der etwas ruhigeren Ostseeorte, wo man nicht nur genüsslich ein Bad in der Ostsee nehmen, sondern auch auf naturkundliche Entdeckungstour gehen kann. Für den Strand gibt es den barrierefreien Strandgenuss. Für Rollstuhlfahrer werden spezielle Strandrollstühle angeboten, mit denen man durch den Strandsand bis zur Wasserkante vorfahren kann. Der Beschluss, dass kein Haus im Ort höher als die Bäume sein darf, hat verhindert, dass Hochhäuser und ausgedehnte Freizeitparks entstehen konnten. Hier kann man sich sehr schön auf naturkundliche Wandertour oder Ostseeradtour begeben. Am Sehlendorfer Binnensee (Naturschutzgebiet, NSG) und am Großen Binnensee (im Ostteil NSG), wo zum Teil auch Beobachtungstürme vorhanden sind, lässt sich die Vogelwelt der Ostseeregion sowohl während der Brutzeit als auch zu den Zugzeiten oder während der Winterrast eingehend beobachten. Der Schlendorfer Binnensee ist eine der letzten Ostseelagunen mit freiem Zugang der Ostsee in den Binnensee. Die wilden Weiden werden zur Pflege extensiv mit besonderen Haustierrassen wie Schottischen Highlandrindern beweidet.

Hohwachter Bucht Touristik GmbH
Berliner Platz 1
24321 Hohwacht
T. 04381 90 550
www.hohwachterbucht.de

8 Entdecken

Lütjenburg

Alte Gemäuer, Turmhügelburg und Eiszeitimpressionen

Ein kleiner Rundgang durch die Altstadt Lütjenburgs lohnt sich. Ein guter Ausgangspunkt ist die zentral gelegene St.-Michaelis-Kirche von 1220/30, ein einschiffiger, spätromanischer Backsteinbau. Nahebei liegen das Alte Pastorat und der Markt mit Bürgerhäusern aus vier Jahrhunderten und das älteste Wohnhaus der Stadt von 1576, das eindrucksvolle Färberhaus. Auch die Alte Kornbrennerei, das Rathausgebäude aus dem Jahre 1790, den Alten Posthof und das Bäckerhaus sollte man in den Rundgang mit einbeziehen. Eines der Wahrzeichen der Stadt ist der Bismarckturm mit neuartigem Restaurant „Das Otto für Freunde". Etwas außerhalb liegt die ab 2002 nach verschiedenen Vorbildern rekonstruierte Turmhügelburg. Sie entspricht einer mittelalterlichen Wehranlage, wie sie aus der Zeit der Christianisierung der Region im 12. und 13. Jahrhundert ausgesehen haben könnte. Belebt wird das Freilichtmuseum durch allerlei mittelalterliche Veranstaltungen und Rekonstruktionen des Alltagslebens und der handwerklichen Tätigkeiten. Ein kleines Stückchen weiter liegt das Eiszeitmuseum, das über die Bedeutung und den Einfluss der Kaltzeiten, das Leben der Rentierjäger an den Rändern der Vereisung, die Zusammensetzung der Erd- und Gesteinsmassen aus Skandinavien und die Besonderheiten der Tier- und Pflanzenwelt mit eindrucksvollen Exponaten und Darstellungen informiert.

Stadtrundgang Lütjenburg, Turmhügelburg, Eiszeitmuseum

Tourist-Information Lütjenburg
Hohwachter Bucht Touristik GmbH
Markt 4
24321 Lütjenburg
T. 04381 41 99 41
www.hohwachterbucht.de
www.stadt-luetjenburg.de
www.turmhuegelburg.de
www.eiszeitmuseum.de

9 **Entdecken**
Panker

Kunst, Kultur und Genuss

Eines der schönsten und bekanntesten Herrenhäuser ist das des Gutes Panker, das zwischen Lütjenburg und Schönberg unweit der Ostsee gelegen ist. Neben dem imposanten Herrenhaus, das noch heute die Landgrafen von Hessen als Landsitz bewohnen, befinden sich eine gutseigene Kapelle, ein mächtiges Torhaus und historische Wirtschaftsgebäude auf dem Gelände. Unter dem Motto „Kunst, Kultur und Genuss" werden viele der Gebäude in unterschiedlicher Weise genutzt. Das Hotel-Restaurant Ole Liese, das Restaurant 1797 und das Torhaus-Apartment bieten angenehme Übernachtungsmöglichkeiten und ein attraktives kulinarisches Angebot. Desweiteren sind auf dem Gelände ansässig: Panker Design, ein Atelier für Schmuckgestaltung, Flora Magica u. a. mit historischen und englischen Duftrosen, eine Galerie für Gestaltendes Handwerk, Kunst, Mode und Design, ein Textilatelier sowie eine Galerie für modernes Wohnen. Zudem befindet sich das Gestüt Panker, das für seine Haltung und Züchtung von Trakehnern bekannt ist, auf dem Gut. Gehen Sie also einmal auf Entdeckungstour durch das ansprechende Ambiente des alten Gutsgeländes!

Gut Panker
www.aufgutpanker.de

10 **Erleben**
Panker

Ausblick über die holsteinische Ostsee-landschaft

Nicht weit vom Gut Panker entfernt liegt der 17 m hohe Hessenstein auf dem 134 m hohen Pilsberg. Der achteckige, denkmalgeschützte, neugotische Aussichtsturm wurde in den Jahren 1839 bis 1841 erbaut. Der Aufstieg über die 111 Stufen der gusseisernen Wendeltreppe lohnt sich. Weit reicht der Blick über die sanft hügelige Landschaft und die Ostsee bis nach Laboe und Kiel, über die Hohwachter Bucht und zu den dänischen Inseln und Fehmarn hinüber – vorausgesetzt Wetter und Sichtverhältnisse sind gut. Für das Passieren der Schranke muss man eine Eineuromünze bereit halten – ein Chip für den Einkaufswagen reicht in dem Fall nicht! Im idyllischen Forsthaus am Fuße des Aussichtsturmes kann man zu ländlicher, regionaler Küche einkehren.

Der Hessenstein
www.ostsee.de/hohwacht/hessenstein.html
Forsthaus Hessenstein
www.forsthaus-hessenstein.com

11 Erleben
Futterkamp

Abenteuer, Attraktionen und Aktivitäten

In der Abenteuerwelt von Filippo kommen die Kinder voll auf ihre Kosten: Riesen-Trampolin, Gartengolf, Wasserspielplatz, Strohburg in der Spielscheune, GoKart-Bahn, Maislabyrinth und Spielturm mit Seilbahn sind nur einige der Attraktionen. Im Streichelzoo warten Hühner, Kaninchen und Ziegen auf Zuwendung. In den Obstanlagen können Äpfel, Blaubeeren, Erdbeeren und andere Früchte geerntet werden, in den Tomatenhäusern reifen die schmackhaften Tomaten. Die Eltern können derweil im Bauernhof-Café zu hausgemachten Kuchen einkehren oder im Shop stöbern, wo es Säfte, Gelees, Essig, Lübecker Marzilade (Marzipan & Frucht) und Blumen gibt, aber auch Ostseesalz und Obstweine aus kleinen Manufakturen werden angeboten. Obstbäume und Rosenstöcke kann man ebenfalls erwerben und gleich dazu das passende Garten-Deko aus Eisen, beispielsweise Rosenbögen, Staudenhalter und Gartenlichtständer.

Filippos Abenteuerwelt
Blekendorfer Berg 1a
24327 Futterkamp/Blekendorf
Tel.: 04381 41 88 01
www.filippos-erlebnisgarten.de
Öffnungszeiten s. Homepage

12 Erleben
Selenter See, Bellin

Baden in klarem Wasser

Der Selenter See ist der zweitgrößte See Schleswig-Holsteins und zudem der einzige der größeren Seen, der sich in einem guten ökologischen Zustand befindet. Die EU-Einstufung der Wasserqualität erfolgt stets mit der Bestnote „ausgezeichnet“. Gute Voraussetzung für ein kleines Bad im klaren Wasser. Es gibt mehrere Badestellen, so z. B. in dem Ort Selent oder in Bellin am Südzipfel des Sees. Der kleine Ort an der Bundesstraße 202 bietet einen schönen Seeblick und lädt mit seinen idylli-

schen Reetdachhäusern zu einem kleinen Rundgang ein. Es gibt auch einen Campingplatz, einen Imbiss, eine gastronomische Einrichtung und einen Fischverkauf. In dem kleinen Laden kann man je nach Saison Aal, Bachforelle, Hecht, Karpfen, Saibling, Flußbarsch und andere Fische frisch oder geräuchert erwerben. Sie stammen von der Fischerei Rathje und werden mit Netz und Reuse im Selenter See gefangen. Als besondere Spezialitäten aus tieferen Seen Norddeutschlands gelten die zu den Lachsfischen (Salmonidae) gehörenden Großen und Kleinen Maränen, die auch als Edelmaräne und als Silbermaräne bezeichnet werden. Den Strand erreicht man durch Unterqueren der Bundesstraße und auch die vierbeinigen Begleiter dürfen mit. Es gibt einen Hundestrand-Abschnitt.

Selenter See

www.hohwachterbucht.de/urlaubsorte/selent
www.fischerei-rathje.de

13 Entdecken

Eutin

Malerische Seenstadt in der Holsteinischen Schweiz

Eutin überrascht, eingebettet zwischen dem großen und dem kleinen Eutiner See und umrandet von Wiesen und Wäldern, mit einem gut erhaltenen Altstadtkern, der geprägt ist durch hübsche klassizistische Gebäude. Prägendes Element der Altstadt ist das Eutiner Schloss, dessen Anfänge auf eine Burg aus dem 12. Jahrhundert zurückgehen. Während die Eigentümer des Schlosses im Laufe der Jahrhunderte zwischen Fürsten, Herzögen und Bischöfen hin- und herwechselten, wurde das Bauwerk in gleichem Maße erweitert und umgebaut. Nach umfassenden Sanierungsarbeiten in den vergangenen Jahrzehnten kann das Schloss mittlerweile wieder besichtigt werden. Dabei sollte man die Gelegenheit nutzen und in dem Restaurant und Café Schlossküche in einmaligem Ambiente einkehren. Einen Spaziergang wert ist auf jeden Fall auch der sich anschließende Schlossgarten, mit kleinen Seen,

Alleen, großem Küchengarten und Seebühne. Direkt an das Schlossgelände schließt sich die Altstadt an, mit dem Ostholsteinmuseum, das eine umfangreiche Ausstellung zur Kunst- und Kulturgeschichte des Kreises beherbergt, der St.-Michaelis-Kirche aus dem 12. Jahrhundert und dem malerischen Marktplatz, der einen guten Ausgangspunkt bietet, um die vielen kleinen Gassen zu erkunden. Die schönsten, klassizistischen Gebäude findet man entlang der Lübecker Straße, an deren Ende in dem Geburtshaus des bekannten Komponisten und Pianisten Carl Maria von Weber ein gemütliches Café eingerichtet ist. Zum Pflichtprogramm eines jeden Eutin-Besuchs gehört eine Bootsfahrt auf dem großen Eutiner See, wo man das Panorama auf die Stadt und die malerischen bewaldeten Ufer genießen kann.

Tourist-Information Eutin
Markt 19
23701 Eutin
T. 04521/70970
www.holsteinischeschweiz.de/eutin-serviceseite

14 Entdecken
Malente

Lohnendes Ziel nicht nur für die Fußballnationalmannschaft

Der Kur- und Erholungsort Malente erlangte erst im 20. Jahrhundert mit Errichtung des Sanatoriums Bedeutung. Doch man muss kein Leiden haben, damit sich ein Besuch des malerisch zwischen Dieksee und Kellersee gelegenen Ortes lohnt. Während der am Ufer des Dieksees durch das Klinikgelände geprägte Ortskern selbst wenig interessant ist, können Interessierte dem Heimatmuseum in der Tews-Kate aus dem 17. Jahrhundert einen Besuch abstatten. Für speziell Pferde-Interessierte dürfte das Immenhof-Museum und ein Besuch der vielen in der Umgebung liegenden Drehorte empfehlenswert sein. Für einen Spaziergang bietet sich der Kurpark Malente oder der Naturlehrpfad „WunderWeltWasser" an. Die weiteren Attraktionen findet man in der näheren Umgebung. Wer gut zu Fuß ist, kann dazu das Auto ruhig stehen lassen. Westlich des Bahnhofs schließt sich der Wildpark an, wo man nicht nur heimische Wildtiere beobachten kann, sondern auch Informationen über die hier vorkommenden Gehölze findet. Einen wunderbaren Ausblick über die Holsteinische

Schweiz, der im Westen bis nach Plön und Richtung Osten zum Bungsberg reicht, bietet, dank einer Höhe von 30 Metern und seinem Standort auf dem 90 Meter hohen Holzberg, der kürzlich neu errichtete Holzbergturm bei Neversfelde. Eindrucksvoll ist der aus Skandinavien durch Gletscher hierher verfrachtete 126 Tonnen schwere Wandhoff-Findling, der bei Kreuzfeld zu besichtigen ist. Fußballfans dürften auch dem Uwe Seeler Fußballpark südlich von Malente einen Besuch abstatten, wo die deutsche Nationalmannschaft traditionell Trainingslager vor wichtigen Spielen veranstaltet. Sehr empfehlenswert ist die 5-Seen-Bootsfahrt, die dem Lauf der Schwentine bis nach Plön folgt. Zur Stärkung nach den vielen Malenter Sehenswürdigkeiten bietet sich „Maaß Fischspezialitäten" am Ufer des Kellersees an.

Tourist-Information Malente
www.holsteinischeschweiz.de/poi/tourist-information-malente

15 **Entdecken**
Plön

Schloss- und Seenstadt

Überragt wird Plön von dem auf eine dänische Burg zurückgehenden Schloss, welches nach umfangreichen Sanierungsarbeiten seit einigen Jahren dem Brillenunternehmen Fielmann als Akademie und Ausbildungsstätte dient. Das Schlossgelände darf betreten werden, das imposante Schloss selber lässt sich allerdings nicht ohne weiteres besichtigen. Alternativ ist aber ein Rundgang durch den Schlossgarten sehr empfehlenswert. Sehenswert ist die Plöner Altstadt am Schlossberg mit der Nikolaikirche aus dem 17. Jahrhundert und unzähligen kleinen Gassen mit Cafés und Läden. Etwas unterhalb des Schlosses finden Interessierte das kleine Heimatmuseum des Kreises Plön und nordöstlich des Stadtzentrums lässt sich der Parnaß-Turm, ein 20 Meter hoher Aussichtsturm, erklimmen, der einen grandiosen Blick über die umliegende Seenlandschaft bietet. Überhaupt sind die vielen Seen in allen erdenklichen Größen prägendes Element der Stadt. Auf dem nahegelegenen Edebergsee beginnt eine Bootstour, die über fünf Seen bis nach Malente führt und auch auf dem Großen

Plöner See werden Bootsfahrten mit herrlichen Aussichten angeboten. Landratten können vom Stadtzentrum aus eine Wanderung am Großen Plöner See entlang des Planetenlehrpfades über die schmale Landzunge bis zur Prinzeninsel mitten im Plöner See unternehmen. Wer hungrig geworden ist, kann im hier befindlichen Restaurant einkehren.

Tourist-Information Plön
www.holsteinischeschweiz.de/ploen-service

16 Entdecken
Kiel

Landeshauptstadt und Tor nach Skandinavien

Die Landeshauptstadt Kiel geizt nicht mit Attraktionen, und so kann man für einen Tagesausflug natürlich nur einen Bruchteil der Sehenswürdigkeiten abklappern, andererseits aber auch einen ganzen Urlaub hier verbringen. Das Stadtbild ist geprägt von der Ostsee und natürlich primär der Kieler Förde, die das Herz der Innenstadt bildet. Direkt im Stadtzentrum legen die Fähren nach Oslo, Göteborg oder Klaipeda ab, bei einem Spaziergang vom Bahnhof über die „Kiellinie" immer am Wasser entlang gibt es viel zu entdecken und unzählige Einkehrmöglichkeiten. Für Interessierte egal welcher Fachrichtung findet sich in Kiel garantiert das passende Museum, vom Maschinenmuseum, über die weithin renommierte Kunsthalle, das Schifffahrtsmuseum, Computermuseum, Mediendom bis hin zum Zoologischen Museum, um nur einige wenige zu nennen. Die Gastronomieszene in Kiel hat sich in den letzten Jahren stark weiterentwickelt und diversifiziert. Unzählige, auch internationale, sehr gute Restaurants, Bars und Cafés suchen in Vielfalt und Dichte Ihresgleichen.

Tourist-Information Kiel
www.kiel-sailing-city.de

17 **Entdecken**
Laboe

Strandparadies an der Kieler Förde

Der Ort Laboe, am östlichen Ende der Kieler Förde gelegen, ist vor allem im Sommer beliebter Anlaufpunkt für alle Badebegeisterten. Hier gibt es den feinsten Sandstrand weit und breit und einen großen, stehtiefen Sandbankbereich im Wasser. Die Sandbank ist auch der Grund, warum im Sommer bei dem geringsten Anzeichen von Wind unzählige bunte Surfkites den Himmel bedecken. Das Surfgebiet liegt im östlichen Teil des Strandes direkt vor dem Museums-U-Boot U995, welches besichtigt werden kann, sowie dem weithin sichtbaren Marineehrenmal, das eine Ausstellung rund um das Thema Seefahrt und einen grandiosen Blick über die Ostsee aus 70 Metern Höhe bietet. Einen Besuch wert ist außerdem die unweit des Ehrenmals in den Dünen gelegene Meeresbiologische Station, wo man alles rund um den Lebensraum Ostsee und seine Bewohner erfahren kann. Diese Gelegenheit bietet sich auch bei einer Fahrt vom Laboer Hafen mit der M/S Sagitta durch die Förde. Dabei werden mit einem kleinen Netz Fische, Krebse und Meeresschnecken an Bord geholt und eingehend erläutert und in Augenschein genommen, bevor sie zurück ins Meer kommen.

Tourist-Information Laboe
www.Laboe.de

18 Entdecken
Trappenkamp

Lehrreicher Waldspielplatz

Im 1973 eröffneten Erlebniswald Trappenkamp, östlich von Neumünster gelegen, steht wie es der Name vermuten lässt, das Walderlebnis im Vordergrund. Das über 200 Hektar große Gelände erstreckt sich über Wald- und Freiflächen und bietet Tiergehege, Lehrpfade, Sportanlagen für Kinder und unzählige Infostationen. Zentrales Element der Anlage ist ein großes Areal mit Spielgeräten für Kinder. Hier können die jungen Besucher Klettern, spielerische Sportarten ausprobieren oder sich zum Beispiel im Weitsprung mit den Tieren des Waldes messen. Großer Beliebtheit erfreuen sich auch der Nachbau eines Wild-West-Forts und ein großer Hochseilgarten. Falkner-Vorführungen gehören ebenso zum täglichen Programm wie die Fütterung der Wildschweine und des Damwildes – eine ideale Gelegenheit, um die Tiere aus der Nähe zu beobachten. Ausstellungsgebäude, wo tiefergehende Informationen, rund um den Wald, aufgearbeitet werden, mit Restaurant und Café runden das tagesfüllende Angebot ab.

Erlebniswald Trappenkamp
Tannenhof
24635 Daldorf
T. 04328 17 04 80
www.erlebniswald-trappenkamp.de
tgl. 10-19 Uhr (Einlass bis 17 Uhr)

19 Entdecken
Bad Segeberg

Fledermäuse und Indianer am Kalkberg

Der Segeberger Kalkberg ist eine ungewöhnliche Erscheinung in Norddeutschland. Im Laufe von Jahrmillionen entstanden, bietet er heute unzähligen Fledermäusen Unterschlupf, den Karl-May-Festspielen eine imposante Kulisse und aus 91 Metern Höhe eine tolle Aussicht über die Stadt und den nahegelegenen Großen Segeberger See. In den Sommermonaten, wenn die nachtaktiven Fledermäuse nur tagsüber die verzweigten Höhlensysteme unter dem Kalkberg aufsuchen, kann man einen Teil der Gänge und Grotten im Rahmen einer Führung besichtigen. Unweit des Eingangs zur Höhle befindet

sich die Ausstellung „Noctalis – Welt der Fledermäuse", die über Verhalten und Lebensweise dieser Tiere, die besondere Bedeutung der Kalkberghöhle und die hier anzutreffenden Arten informiert. Ein faszinierendes Highlight der Ausstellung ist das sogenannte Noctarium, wo man einige Fledermausarten hautnah erleben und bei ihren Flugmanövern oder der Nahrungsaufnahme beobachten kann. Wer nach Besuch des Kalkbergs und der Ausstellung noch Zeit und Lust hat, dem sei die Wanderung um den Großen Segeberger See empfohlen. Auf einem kleinen Pfad geht es überwiegend direkt am bewaldeten Ufer entlang. Für die etwa 10 km lange Strecke sollte man zwei Stunden einplanen. Etwa auf halber Strecke bietet sich das Restaurant „Zum Klüthsee" für eine Pause an.

Tourist-Information Bad Segeberg
www.bad-segeberg.de/Tourismus-Kultur/Tourismus
www.noctalis.de

20 Erleben
Ratzeburg

Die Dom- und Inselstadt

Die Altstadt Ratzeburgs liegt malerisch auf einer von vier Seen umgebenen Insel, an deren nördlicher Spitze der eindrucksvolle Dom die Szenerie überragt. Dieses bedeutende Werk romanischer Backsteinkultur sollte man unbedingt besuchen. Nicht weit entfernt vom Dom liegen das Kreismuseum Herzogtum Lauenburg und das A. Paul Weber-Museum, das Ölgemälde, Holzschnitte und Lithographien des satirischen Graphikers zeigt. Nahe dem Markt befindet sich das dritte Museum der Domstadt, das Ernst Barlach Museum, das seit 1956 Arbeiten des weltberühmten Künstlers und Bildhauers präsentiert, der seine Schulzeit in Ratzeburg verbracht hat. Rad- und Wandertouren sind in vielfältiger Weise in die umliegenden Wälder und Seengebiete des Naturparks Lauenburgische Seen möglich. Schön ist eine Umrundung des Großen Ratzeburger Sees. Von dessen Nordufer bei Rothenhusen kann man aber auch nach Lübeck weiterwandern oder per Schiff über die Wakenitz dorthin fahren. Eine Rückkehr nach Ratzeburg ist per Schiff ebenfalls über den Ratzeburger See möglich.

Tourist-Information Ratzeburg
Rathaus/Unter den Linden 1
23909 Ratzeburg
T. 04541 80 00 886
www.herzogtum-lauenburg.de/a-tourist-information-ratzeburg

21 **Erleben**
Mölln

Eulenspiegelstadt und anerkannter Kneipp-Kurort

Der bekannte Narr Till Eulenspiegel hat seine letzten Jahre in Mölln verbracht, und nahe der zentralen St. Nicolai Kirche aus dem 13. Jahrhundert befinden sich eine senkrechte Grabplatte und die Eulenspiegellinde. Auch Stadtführungen und viele Veranstaltungen beziehen sich auf den schelmischen, wohl berühmtesten Bürger der Stadt und am Markt-Brunnen kann man den goldenen Daumen oder die Zehenspitze des Eulenspiegeldenkmals von dem Bildhauer Karlheinz Goetke reiben. Es soll Glück bringen! Natürlich gibt es auch ein Eulenspiegel-

museum und im alten Rathaus findet man die stadtgeschichtliche Sammlung. Die historische Altstadt lohnt ohnehin einen Rundgang, den man auch bis zum Naturparkzentrum Uhlenkolk mit Wildpark oder in den Kurpark des Ortes ausdehnen sollte. Die vier Hektar große Anlage gilt als einer der schönsten Kurparke des Nordens. Touren in die umliegende Seenlandschaft bis hin zum lieblichen Hellbachtal erweisen sich als äußerst reizvoll. Ebenso bieten sich längere und kürzere Radtouren an. Da Mölln am Elbe-Lübeck-Kanal liegt, kann man von hier auf dem Fernradweg „Alte Salzstrasse" gen Norden bis Lübeck und Travemünde und nach Süden bis Lauenburg und sogar über die Elbe bis ins niedersächsische Lüneburg erlebnisreich und beschaulich radeln.

Tourismus- und Stadtmarketing Mölln
Am Markt 12
23879 Mölln
T. 04542 97 65 10
www.moelln-tourismus.de

22 Entdecken

Dassow

Deutschlands einziger Tigerpark

Nicht weit vom Priwall, einer rund drei km langen Halbinsel an der Travemündung, befindet sich auf mecklenburgischer Seite der fünf Hektar große Tigerpark der Familie Farell, eine Mischung aus Zoo und Zirkus. Hauptattraktion sind die Indischen und Sibirischen Tiger und Löwen. Es finden auch Vorführungen des Raubtiertrainings und Raubtierfütterungen statt. Interessant ist der Mitmachzirkus, bei dem Kinder einige Kunststücke und Zirkusattraktionen einüben und dann in einer kleinen Vorstellung darbieten. Weitere Tiere, die sich zum Teil in Streichelgehegen befinden, sind Dromedare, Alpakas, Lamas, Pferde, Zwergziegen und Federvieh. Für die Kinder gibt es einige Spielattraktionen wie das Hüpfburgenland, Bungee-Trampolin, Minigolf und Jungle Loop.

Erlebnis-& Tigerpark Dassow
Gewerbestraße 35
23942 Dassow
T. 038826 88 180
www.tigerpark.de

23 Erleben
Travemünde bis Lauenburg

Der Eiserne Vorhang ist gefallen.
Die fast undurchdringliche Grenze zwischen den beiden Machtblöcken des Ostens und Westens nach dem Zweiten Weltkrieg, auch als Eiserner Vorhang bezeichnet, ist Geschichte. Entlang dieser ehemaligen Grenzbereiche findet man heute einen der 13 Fernradwege Schleswig-Holsteins, den Iron Curtain Trail. Er führt auf einer Länge von 160 km am Priwall bei Travemünde startend an Lübeck vorbei, mal auf lauenburgischer, mal auf mecklenburgischer Seite, immer am ehemaligen Grenzverlauf entlang. Man passiert die einstigen Grenzseen Ratzeburger See und Schaalsee und erreicht bei Lauenburg die Elbe, wo es entlang der Elbe, als ehemaligem Grenzfluss weitergeht. Von Lauenburg kann man per Bahn zurückkehren, oder man absolviert weitere Streckenabschnitte. Insgesamt geht die Fernroute als EuroVeloStrecke Nr. 13 von der Barentssee bis zum Schwarzen Meer durch Europa – und zwar runde 10.000 Kilometer.

Iron Curtain Trail
www.herzogtum-lauenburg.de/iron-curtain-trail
www.ironcurtaintrail.eu

24 Entdecken
Zarrentin am Schaalsee

Ehemaliger Grenzsee zwischen West und Ost
Der Schaalsee ist ein buchtenreicher, idyllischer See, der mit einer maximalen Tiefe von 72 m als einer der tiefsten Deutschlands gilt. Durch den See verläuft die Grenze zwischen Schleswig-Holstein und Mecklenburg-Vorpommern, ehemals war es bis zur Wende die Grenze zwischen der DDR und der BRD, also zwischen West und Ost. Die kleine Stadt Zarrentin am Südufer des Sees war zu der Zeit die Grenze und ist heute idealer Ausgangsort um die Region zu erkunden. Besondere Attraktionen sind das ehemalige Zisterzienserinnenkloster, dessen Ostflügel erhalten ist, sowie das nahe gelegene Heimatmuseum „Klosterscheune", das sich mit der Zeit Zarrentins als Grenzregion befasst, und die Kirche St. Petrus und St. Paulus. Über das Biosphärenreservat Schaalsee, das auf Mecklenburger Seite als ein solches von der UNESCO anerkanntes Schutzgebiet ausgewiesen ist, informiert das Pahlhuus, in dessen Nähe sich auch ein Moor-Erlebnispfad befindet. Eine kleine Wanderung kann man am See entlang unterhalb der Kirche mit Umrun-

dung des Kirchensees unternehmen. Dabei kann man entweder einen kleinen Imbiss in der Fischerei Rehbohm direkt am See zu sich nehmen oder etwas vornehmer im Fischhaus – Hotel am Schaalsee ein Fischgericht genießen. Auch die Umrundung des Schaalsees per Rad ist eine erlebnisreiche Tour.

Stadt Zarrentin am Schaalsee
Kirchplatz 8
19246 Zarrentin am Schaalsee
T. 038851 83 87 10
www.zarrentin.de/touristinfo.html

Tourismus-Information und „der Regionalladen"
Hauptstraße 15
19246 Zarrentin am Schaalsee
T. 038851 33 34 35
www.schaalsee-info.de

25 **Entdecken**
Klütz, Boltenhagen

Besuch im Klützer Winkel

Der Klützer Winkel zwischen Lübeck und Wismar ist einen Ausflug wert. Der Ort Klütz hat mit dem Schloss Bothmer die größte barocke Schlossanlage Mecklenburg-Vorpommerns zu bieten. Schlossmuseum, Schlosspark und Schlossgastronomie lohnen den Besuch, auch wenn gerade keine Veranstaltung stattfindet. Weitere Attraktionen des Ortes sind: eine der ältesten Kirchen des Landes, die St. Marienkirche,

die als Restaurant genutzte Klützer Mühle, das Literaturhaus Uwe Johnson, das über Leben und Werk des Schriftstellers informiert und kulturelle Begegnungsstätte ist, und das Kunst- und Kulturhaus Alte Meierei, wo Kunsthandwerker und kleine Manufakturen ihre Kunstwerke präsentieren. Lohnend sind auch eine Fahrt mit der historischen Kleinbahn, dem Lütt Kaffeebrenner, und ein Besuch des Schmetterlingsparks Klütz. Wem die Ostsee fehlt, der kann ins 4 km entfernte Boltenhagen noch einen Abstecher machen, immerhin das drittälteste Seebad Deutschlands.

Klützer Winkel
www.kluetzer-winkel.de

26 Entdecken
Wismar

UNESCO Welterbe-Stadt

Ein wenig erinnert Wismar mit seinen eindrucksvollen Stadtkirchen, gut erhaltener historischer Bausubstanz und idealer Lage an Lübeck, und in der Tat ist auch Wismars Altstadt zusammen mit der von Stralsund wie Lübeck UNESCO Weltkulturerbe. Alle stammen sie aus der Blütezeit der Hanse und Wismar besitzt eine der am besten erhaltenen mittelalterlichen Stadtkerne Deutschlands. Lassen Sie sich also mal durch den Hafen und die Altstadtgassen treiben und genießen das historische Ambiente. Prägend für das Stadtbild sind die drei großen Kirchen St. Nicolai, St. Marien und St. Georgen. In beiden Letzteren kann man sich die Ausstellung „Wege zur Backsteingotik“ ansehen. Aber auch das Welt-Erbe-Haus, das Baumhaus, als maritimes Traditionszentrum und das Stadtgeschichtliche Museum Wismar Schabell bieten viele Informationen. Man kann an Stadtführungen, Stadtrundfahrten und Schiffstouren durch den Hafen und in die Wismarer Bucht teilnehmen. Für die Kinder ist der Besuch des phanTechnikums, in dem Technikgeschichte und technische Zusam-

menhänge anschaulich und spannend präsentiert werden, interessant. Auch ein Besuch der nahe gelegenen Insel Poel wäre gewiss ein schöner Ausflug – am besten vielleicht mit dem Fahrrad.

Tourist-Information Wismar
Lübsche Straße 23a
23966 Wismar
T. 03841 19 433
www.wismar.de
Oktober bis März 10-16 Uhr

27 Erleben
Schwerin

Besuch in der Landeshauptstadt

Schwerin ist nicht nur die Stadt der Seen und Schlossstadt, sondern auch die Hauptstadt des Landes Mecklenburg-Vorpommern. Erster Anlaufpunkt für viele Gäste der Stadt ist das malerisch auf einer kleinen Insel gelegene und von alten Bäumen umgebene Schweriner Schloss. Es gibt Hinweise auf eine erste Burganlage in diesem Bereich, die in das 9. Jahrhundert zurückgehen. Die märchenhaft anmutende Schlossanlage gilt als einer der Höhepunkte des romantischen Historismus. Immer wieder neue Ansichten ergeben sich beim Blick vom umgebenden Burg- und Schlossgarten, den

man ebenso wie das Schlossmuseum und die Schlosskirche in einen kleinen Rundgang mit einbeziehen sollte. Für Museumsfreunde gibt es das Staatliche Museum mit bedeutenden Gemälden niederländischer Maler, die Schleifmühle, das Eisenbahn und Technikmuseum, das Internationale Feuerwehrmuseum und im Stadtteil Mues das Freilichtmuseum für Volkskunde. Ein Stadtrundgang sollte den Schweriner Dom berücksichtigen, dessen 117,5 m hoher Turm der höchste des Landes ist, und von dessen Aussichtsplattform man einen tollen Blick über die Stadt und die Umgebung genießen kann. Auch ein Besuch des Schweriner Zoos im Süden der Stadt mit Amur-Tiger, Rotem Panda, Nashorn, Fischotter, Braunbär und vielen anderen Tieren ist ein hübsches Tagesziel, ebenso wie eine Schiffsfahrt über die Seen der Stadt.

Tourist-Information Schwerin
Am Markt 14
19055 Schwerin
T. 0385 59 25 212
www.schwerin.de/kultur-tourismus/Information/Tourist-Information
Mo-Fr 10-17 Uhr, Sa 10-16 Uhr

222 Tipps für einen schönen Tag auf Fehmarn, in Heiligenhafen, der Hohwachter Bucht und der Holsteinischen Schweiz
Hans-Dieter Reinke
Daniel Hugenbusch
192 Seiten
978-3-8319-0742-7

Selbst ausgewiesene Kenner der Sonneninsel Fehmarn, des Ostseebades Heiligenhafen, der Hohwachter Bucht und der Holsteinischen Schweiz werden in diesem Buch viel Neues entdecken. Wir haben für Sie – ohne Anspruch auf Vollständigkeit – 222 Tipps für einen schönen Tag in dieser Urlaubsregion ausgewählt. Sie erfahren zum Beispiel:

· Wo auf Fehmarn Feldsofas stehen
· Welcher Künstler an der Ostküste der grünen Ferieninsel malte
· Was der Graswarder in Heiligenhafen bedeutet
· Wo ein silberglänzender original amerikanischer Diner steht
· Wie hoch der höchste Berg Schleswig-Holsteins ist
· In welcher historischen Mühle man übernachten kann
· Wo Kunst, Kultur und Genuss eine Einheit bilden
· Was Eutin alles zu bieten hat
· Warum sich eine 5-Seen-Fahrt lohnt

Ein Buch für all jene, die neugierig auf diese wunderschöne Landschaft, ihre geheimen, aber auch bekannten Orte sind.
Und die es genießen, dieses Küsten-Feriengebiet aus allen Blickwinkeln zu erobern.

Gärten & Parks in Schleswig-Holstein und Hamburg
Hans-Dieter Reinke
336 Seiten mit 188 Abbildungen und 2 Karten
978-3-8319-0839-4

Schleswig-Holstein, zwischen den Meeren gelegen, und Hamburg mit seinem berühmten Grün bieten außerordentlich vielfältige historische und moderne Park- und Gartenanlagen. Nicht nur die Schlösser und Herrenhäuser des Landes sind von herrlichen Grünflächen umgeben, man stößt auch auf Haus- und Bauerngärten, Skulpturenanlagen, Künstler- und Museumsgärten, Stadtparks, restaurierte Kurparks, Bibelgärten, Schmetterlings- und Apfelgärten, Schlossgärtnereien, Rosarien und ökologisch ausgerichtete Landschafsparks. Auf verschlungenen Wegen, vorbei an blühenden Beeten und alten Baumgestalten lassen sich die grünen Kleinode entdecken. Die Parks und Gärten sind in erster Linie Orte der Erholung und Kontemplation. Ihr Erleben und Kennenlernen steht im Mittelpunkt dieses Buches und wird ergänzt durch Hinweise zu Ausflugs- und Einkehrmöglichkeiten in der näheren Umgebung.

Schleswig-Holstein
Die schönsten Radtouren
Hans-Dieter Reinke
Daniel Hugenbusch
David Hugenbusch
240 Seiten
978-3-8319-0465-5

Radfahren ist nicht nur en vogue, sondern gehört auch zu den beliebtesten Aktivitäten der Urlaubsgäste Schleswig-Holsteins. Das Land hat sich längst auf die Bedürfnisse der Radler eingestellt und bietet radfahrerfreundliche Unterkünfte, Themen-Strecken und Fernradwege, Radverleihstationen und vielfältiges Informationsmaterial. So macht Radfahren Spaß, finden die Autoren dieses Radreiseführers und haben 30 ausgearbeitete Radtouren zusammengestellt, die die Vielfalt der Landschaften und regionalen Besonderheiten abbilden, zu interessanten Sehenswürdigkeiten führen und dazu anregen, Natur und Menschen intensiv kennenzulernen. Karten der Touren, fotografische Eindrücke und Adressangaben sowie Tipps von A-Z runden diesen handlichen Reiseführer ab. Eine Einladung, sich in den Sattel zu schwingen und das Land zwischen den Meeren dort zu erkunden, wo es am schönsten ist.

Schleswig-Holstein zu Fuß
Zeitungsverlag sh:z
192 Seiten mit 119 Abbildungen und 27 Karten
978-3-8319-0567-6

Schleswig-Holstein ist ein Paradies für Wanderer: zwei Meeresküsten, Inseln und Watt, Flüsse und Seen, sanfte Hügel und schattige Wälder. Der Biologe und Wanderliebhaber Holger Schulz sowie die Lokalredaktionen des Schleswig-Holsteinischen Zeitungsverlags (sh:z) und des A. Beig-Verlags haben ihre Heimat auf Schusters Rappen erkundet und für Sie die 25 schönsten Wanderstrecken in Schleswig-Holstein zusammengestellt – von der Nord- bis zur Ostsee, vom Hamburger Umland bis an die dänische Grenze. Detaillierte Tourbeschreibungen mit Hinweisen auf attraktive Sehenswürdigkeiten, empfehlenswerte Gastronomie und spannende Naturphänomene auf den Strecken werden ergänzt durch Karten, zahlreiche Fotos und ein Register. Einsteiger, geübte Wanderer und Pilgerfreunde kommen mit diesem Buch gleichermaßen auf ihre Kosten.

Schleswig-Holstein
Die schönsten Ausflugsziele
Zeitungsverlag sh:z
Verlag Ellert & Richter
192 Seiten mit 150 Abbildungen
und 2 Karten
978-3-8319-0764-9

In diesem praktischen, mit vielen Tipps und Hinweisen versehenen Ausflugs-Verführer werden von Karin Lubowski , Hans Dieter Reinke, Daniel und David Hugenbusch, Redakteuren des Schleswig-Holsteinischen Zeitungsverlags und der Redaktion des Ellert & Richter Verlags die attraktivsten Tagesziele in Schleswig-Holstein vorgestellt.
Im Fokus stehen zum Beispiel:

- die Seehundstation In Friedrichskoog,
- ein Besuch des Leuchtturms Westerheversand auf Eiderstedt,
- die tiefste Stelle Deutschlands in der Wilstermarsch
- das Nolde-Museum in Seebüll,
- die Halbinsel Holnis an der Flensburger Förde
- der Nord-Ostsee-Kanal
- Fehmarn und seine Künstler
- das Brothener Steilufer
- die Eulenspiegelstadt Mölln

Für jeden ist etwas dabei: für Naturliebhaber und Kunstinteressierte, für Rad- und Fuß-Wanderer, für Genießer und die es werden wollen.

1001 Tipps für einen schönen Tag in Schleswig-Holstein
Ellert & Richter Verlag
290 Seiten mit 100 Abbildungen
978-3-8319-0749-6

Die Mitarbeiter der Lokalredaktionen des Schleswig-Holsteinischen Zeitungsverlages (sh:z) sowie des A. Beig-Verlags haben ihre Heimat unter die Lupe genommen und verraten ihre persönlichen Highlights inklusive Geheimtipps im Land zwischen den Meeren. Wer sich schon immer einmal vorgenommen hat, Schleswig-Holstein neu zu entdecken, hat nun den optimalen Reiseführer zur Hand. Egal, ob Sie Wasserratte oder Landgänger sind, Kultur- oder Sportliebhaber, Müßiggänger oder Flaneur – für jeden ist der passende Ausflugsort dabei. Waren Sie schon einmal bei der Bräutigamseiche im Dodauer Forst, in der Bonbonkocherei in Eckernförde oder sind Sie mit der Tauchgondel in Grömitz in die Unterwasserwelt gereist? Wollten Sie längst einmal Klassiker wie das Buddenbrookhaus in Lübeck oder die Karl-May-Spiele in Bad Segeberg besuchen? In diesem Buch erwarten Sie viele Ideen und Anregungen zum Aktiv-sein und Genießen im Land der Horizonte, auf den Inseln, an der Nord- und Ostsee und vom Hamburger Stadtrand bis an die dänische Grenze.
Entdecken Sie Schleswig-Holsteins schönste Seiten!

Slow Travel
Unterwegs in Schleswig-Holstein
Elke Weiler
224 Seiten mit 158 Abbildungen
978-3-8319-0835-6

Slow Travel bedeutet nicht nur langsam, sondern auch intensiv zu reisen. So nimmt man beim Radfahren seine Umgebung ganz anders wahr als im Auto. Slow Travel heißt auch: sich vor Ort auf einige Dinge zu konzentrieren, statt sogenannte Highlights abzuklappern; mit den Einheimischen in Kontakt zu kommen, vielleicht hinter die Kulissen zu schauen; den Geist des Ortes aufzuspüren, seine Besonderheiten zu verstehen. Etwa, indem man einen Teil der Natur mit allen Sinnen oder ein typisches Fest erlebt. Etwas von der Umgebung zu begreifen, das nicht angelesen, sondern in einem Moment des Reisens erfahren wurde. Jeder Ort hat seine Geschichte, die oftmals in die Gegenwart hineinspielt, sowie sein Heute, das von vielen Gesichtern und Einflüssen geprägt ist.

Schleswig-Holstein für Klookschieter
Alexandra Brosowski
Karin Lubowski
176 Seiten mit 40 Abbildungen
978-3-8319-0668-0

Wer weiß, was ein Plüschmors ist und woher unser Moin kommt? Die Sylter Royal ist keine Adelige, aber was denn dann? Was sind Donnerkeile und Duckdalben? Schwarzsauer und Mehlbüdel sind keine Schimpfwörter und was hat Alfred Nobel in Schleswig-Holstein zu schaffen?
Warum der Klabautermann heißt, wie er heißt?
Schönes, Seltsames, Verblüffendes, Typisches: Im Norden gibt es – für Auswärtige wie für Einheimische – vieles zu erkunden.
Nord- und Ostsee, Wind und weiter Himmel haben Land und Leute, das Miteinander, die Sprache und die Küche geprägt – und gelegentlich zu regionalen Rätseln geformt. Viele Wörter benutzen wir täglich, kennen aber nicht ihre Herkunft. Wer bei den Nordlichtern mithalten will, findet hier viele Erklärungen zu landestypischen Besonderheiten – auf das er zum „Klookschieter“ (plattdeutsch für Besserwisser) werde.

Bildnachweis

Umschlagabbildungen:
Huber Images, Garmisch-Partenkirchen: o.re. (Günter Gräfenhain), m.li. (Günter Gräfenhain), m.re. (Sabine Lubenow), u.li. (Sabine Lubenow), u.mi. (Katja Kreder), u.re. (Sabine Lubenow)

Innenteil: Alle Abbildungen von Hans-Dieter Reinke, Daniel Hugenbusch, außer

Fotolia (Adobe Stock): S 83, 96, 112, 178, 193
Huber Images, Garmisch-Partenkirchen: S. 26 (Günter Gräfenhain), 29, 56, 72 (Sabine Lubenow), 34, 93 (Frank Lukasseck), 101, 102, 141 (Christian Bäck), 105 (Gabriele Croppi), 125 (Manfred Mehlig)
Reinhard Scheiblich, Hamburg: S. 167; Seaside Strandhotel: S. 77; Wikimedia Commons: S. 12, 13 re., 17, 28, 30, 31, 45, 59

Alle Angabe in diesem Buch wurden gewissenhaft geprüft. Preise, Öffnungszeiten etc. können sich aber schnell ändern. Daher können Autoren und Verlag keine Gewähr für die Richtigkeit übernehmen.

Stand: Februar 2024

Für Anregungen, Berichtigungen und Ergänzungsvorschläge sind wir dankbar. Bitte senden Sie diese per Email an:
presse@ellert-richter.de

Impressum

Bibliografische Information der Deutschen Nationalbibliothek

Die Deutsche Nationalbibliothek verzeichnet diese Publikation in der Deutschen Nationalbibliografie; detaillierte bibliografische Daten sind im Internet über http://dnb.d-nb.de abrufbar.

ISBN 978-3-8319-0796-0

2. überarbeitete Auflage 2024

Texte:
Daniel Hugenbusch und Hans-Dieter Reinke
Karten:
David Hugenbusch, Bonn
Gestaltung:
BrücknerAping, Büro für Gestaltung, Bremen
Gesamtherstellung:
CPI books GmbH, Leck

www.ellert-richter.de
www.facebook.com/EllertRichterVerlag
www.instagram.com/ellert_richter_verlag